Lob des Gehens

David Le Breton

Lob des Gehens

Aus dem Französischen
von Milena Adam

Matthes & Seitz Berlin

Inhaltsverzeichnis

Auf der Schwelle des Weges   11

Der Geschmack des Gehens   19
*Gehen 21 – Der erste Schritt 26 – Das
Königreich der Zeit 28 – Der Körper 31 –
Gepäck 37 – Allein oder in Gesellschaft? 40 –
Blessuren 43 – Schlafen 46 – Stille 52 –
Gesang 59 – Lange unbewegte Märsche 61 –
Öffnung zur Welt 63 – Namen 68 – Die Komödie
der Welt 71 – Das Elementare 76 – Tiere 85 –
Die soziale Schräge 89 – Spaziergänge 94 –
Die Reise aufschreiben 96 – Die Reduktion
der begehbaren Welt 98*

Grenzgänger   103
*Reise nach Timbuktu 107 – Reise zu den
Großen Seen 114 – Weg nach Smara 121*

Urbanes Gehen   127
*Der Körper der Stadt 129 – Rhythmen des
Gehens 140 – Hören 143 – Sehen 148 –
Fühlen 149 – Riechen 152*

Die Spiritualität des Gehens 155
*Spirituelle Wanderungen 157 – Mit den Göttern
gehen 164 – Gehen als Wiedergeburt 171*

Am Ende der Reise 177

Anmerkungen 179

Wegbegleiter – Bibliografie 187

Für Hnina, die es stets bedauert, dass wir nicht öfter gehen.

*»Derjenige, dessen Geist ruht, besitzt
alle Reichtümer. Ist es nicht dasselbe
für denjenigen, dessen Fuß von einem Schuh
umschlossen ist und der geht,
als ob die ganze Erdoberfläche
von Leder bedeckt wäre?«*

Henry David Thoreau

Auf der Schwelle des Weges

»*Wenn ich den Weg, der den Hügel ›hinanklomm‹, dynamisch wiedersehe, bin ich mir sicher, dass der Weg selbst Muskeln hatte, Gegen-Muskeln. In meinem Pariser Zimmer ist es mir eine gute Übung, mich in dieser Weise an diesen Weg zu erinnern. Beim Schreiben dieser Zeilen fühle ich mich von meinem Pflichtspaziergang befreit – ich bin mir sicher, ausgegangen zu sein.*«

Gaston Bachelard[1]

Das Gehen ist Öffnung zur Welt. Es versetzt den Menschen zurück in das glückselige Gefühl seiner Existenz. Es lässt ihn in eine aktive Form der Meditation eintauchen und bedarf all seiner Sinne. Manchmal kehrt man verändert zurück, eher geneigt, die Zeit zu genießen, als sich den maßgebenden Dringlichkeiten unseres zeitgenössischen Daseins zu unterwerfen.

Gehen heißt, durch den Körper zu leben, vorübergehend oder dauerhaft. Die Ausflucht durch den Wald, über die Straßen und Pfade befreit uns nicht von unseren wachsenden Verantwortungen gegenüber dem Chaos auf der Welt, gestattet uns aber, Atem zu schöpfen, die Sinne zu schärfen und die Neugier wieder zu entfachen. Das Gehen ist oft ein Umweg, um sich selbst wiederzufinden.

Die typisch menschliche Eigenschaft, der Welt einen Sinn zu geben, sich auf ihr zu bewegen, während man sie begreift und sie mit anderen teilt, ist vor Millionen Jahren mit dem Aufrichten des menschlichen Tieres geboren worden. Die Vertikalisierung und der Beginn des aufrechten Ganges haben in der Tat die Befreiung der Hand und des Gesichts begünstigt. Tausende von möglich gewordenen Bewegungen haben die Fähigkeit zur Kommunikation und den Handlungsspielraum des Menschen unendlich erweitert und zur Entwicklung seines Gehirns beigetragen.

Die menschliche Gattung beginnt bei den Füßen, sagt uns Leroi-Gourhan,[2] auch wenn der Großteil unserer Zeitgenossen das vergessen hat und glaubt, dass der Mensch einfach aus seinem Auto aussteigt. Seit dem Neolithikum hat der Mensch denselben Körper, dasselbe physische Potenzial, dieselbe Widerstandskraft gegenüber den sich verändernden Gegebenheiten in seiner Umgebung. Auch wenn es ein schwerer Schlag für die Arroganz unserer Gesellschaft ist: Wir verfügen über dieselben Fähigkeiten wie der Neandertaler. Jahrtausendelang sind die Menschen zu Fuß gegangen – und in weiten Teilen der Welt tun sie das noch immer –, um von einem Ort zum anderen zu gelangen. In einem Nahkampf mit der Welt haben sie sich bei der täglichen Beschaffung ihrer existenziell notwendigen Güter verausgabt. Ohne Zweifel hat man nie so wenig von seiner Mobilität und seiner individuellen physischen Belastbarkeit Gebrauch gemacht wie in unserer heutigen Gesellschaft. Die dem Menschen eignende Energie, geboren aus dem Willen und den grundlegendsten Fähigkeiten des Körpers (Gehen, Laufen, Schwimmen ...), wird im Alltag, bei der Arbeit, bei der Fortbewegung usw. kaum in Anspruch genommen. Man badet so gut wie nie in Flüssen, wie es noch in den sechziger Jahren üblich war, außer an vereinzelten ausgewiesenen Badestellen, man benutzt kaum noch das Fahrrad (oder aber in militanter und nicht ungefährlicher Form) und noch weniger die Beine, um sich zur Arbeit zu begeben oder die täglichen Besorgungen zu machen.

Trotz der Verkehrsstaus und der unzähligen Tragödien, die es täglich verursacht, ist das Auto heutzutage Herrscher des Alltags, es hat den Körper für Millionen unserer Zeitgenossen fast überflüssig gemacht. Der Zustand des Menschen wird zu einem sitzenden oder unbeweglichen, ergänzt durch zahlreiche Prothesen. Es ist nicht weiter verwunderlich, dass der Körper heutzutage als Anomalie wahrgenommen wird, ein Entwurf, den es zu berichtigen gilt und von dessen Auslöschung sogar manche träumen.[3] Die Tätigkeiten des Einzelnen verbrauchen mehr nervliche als körperliche Energie. Der Körper ist ein Überrest, mit dem die Modernität kollidiert. Noch viel schmerzlicher ist es, zu akzeptieren, dass er sich immer weniger in seiner Umwelt bewegt. Diese Auslöschung zerrüttet die Weltsicht des Menschen, schränkt sein Handlungsfeld in der Realität ein, lässt das Gefühl für die Beschaffenheit des Ichs schwinden, schwächt seine Kenntnis der Dinge; es sei denn, er bremst diese Erosion des Selbst durch Kompensationshandlungen. Die Füße dienen meist nur noch dazu, ein Auto zu fahren oder den Menschen einen Moment lang zu stützen, wenn er auf einer Rolltreppe oder einem Laufband erstarrt, auf denen die meisten ihrer Benutzer zu Invaliden werden, deren Körper zu nichts anderem taugen, als ihnen das Leben schwer zu machen. Abgesehen davon verursachen sie aufgrund ihrer mangelnden Auslastung oft Schwierigkeiten und könnten ohne Weiteres, in einem kleinen Koffer verstaut, weggeräumt werden. Bereits in den fünfziger Jahren hat Roland Barthes gemutmaßt, das Gehen sei »– mythologisch betrachtet – die allertrivialste, also menschlichste Geste. Jeder Traum, jedes Idealbild, jeder soziale Aufstieg erübrigt als erstes die Beine, sei es auf dem Portrait, sei es durch das Auto.«[4] Im Übrigen sagt man im Französischen von einem unbedarften Menschen, er sei »dumm wie seine Füße«.

Computerspiele bieten sogar virtuelle Wanderungen an, die noch minimalistischer sind als die Reise des Xavier de Maistre um sein Zimmer. Die Benutzer dieser körperlosen Märsche sitzen unbeweglich an ihrem Schreibtisch. Ihr Computerbildschirm funktioniert als eine Art Fernsehen, dessen Programm sie (in eingeschränkter Form) selbst bestimmen können. Das Feuer brennt im Kamin, sie befinden sich in der Unterkunft, die sie beherbergt, der Tisch ist bedeckt von Fotografien möglicher Wanderungen, eine Karte liegt offen, ein Fernglas ruht auf einem Stuhl. Zeichen reihen sich aneinander, um diesen fleischlosen Lauf glaubwürdig zu machen. Ein Klick auf die richtige Stelle, und man taucht tiefer in die Fotografien ein, sie erwachen zum Leben und zeigen, was es auf dem Weg zu sehen gibt. Ein weiterer Klick, und die Tür öffnet sich, ein Pfad erscheint, Vögel fliegen auf. Eine Mausbewegung gibt Auskunft über ihre Namen, ihre Lebensweise usw.

Gehen, im Zusammenhang mit der heutigen Welt, kann eine Form von Sehnsucht oder Widerstand wachrufen. Gehende sind sonderbare Individuen, die es in Kauf nehmen, für Stunden oder Tage aus ihrem Auto auszusteigen, um sich körperlich in die Nacktheit der Welt hineinzuwagen. Das Gehen ist der Triumph des Körpers, mit unterschiedlichem Klang, je nach Freiheitsgrad des Gehenden. Es ermöglicht die Entwicklung einer grundlegenden Philosophie der Existenz über eine Reihe kleiner Nichtigkeiten, es bringt den Reisenden für einen Moment dazu, über sich selbst nachzudenken, seine Beziehung zur Natur oder zu anderen, über eine Fülle unerwarteter Fragen nachzusinnen. Das Flanieren erscheint als Anachronismus in einer Welt, in der der eilende Mensch regiert. Als Vergnügen an der Zeit und an den Orten ist das Gehen ein Ausweichmanöver, dass der Modernität ein Schnippchen schlägt. Es ist ein Schleichweg im rastlosen Rhythmus unseres Lebens, eine Möglichkeit, Abstand zu gewinnen.

Unseren Füßen wachsen keine Wurzeln, sie sind gemacht, um sich zu bewegen. Wenn das Gehen, selbst einfachster Strecken, bei der überwiegenden Mehrheit unserer Zeitgenossen (in der westlichen Gesellschaft) nicht mehr im Mittelpunkt der Fortbewegung steht, so setzt es sich im Gegenzug als Freizeitbeschäftigung durch, als Selbstbestätigung, Suche nach Ruhe und Stille, Kontaktaufnahme mit der Natur: Wanderungen, Trekking, wachsende Wandervereine, alte Pilgerstrecken (insbesondere der Jakobsweg), die Rehabilitierung des Spaziergangs usw. Teilweise bieten Reiseagenturen solche Ausflüge an, doch zumeist machen sich die Wanderer allein auf den Weg, eine Karte zur Hand. Die einen gehen einige Stunden am Wochenende oder in ihrer Freizeit, die anderen – davon gibt es in Frankreich ein bis zwei Millionen – unternehmen mehrtägige Wanderungen, mit Unterbringung in Hütten oder Herbergen. Die massive Verunglimpfung des Gehens im Alltag und seine Aufwertung als Freizeitbeschäftigung zeigen den Status des Körpers in unserer Gesellschaft. Das Flanieren, so wenig toleriert wie die Stille, steht also in Opposition zu dem mächtigen Zwang zu Leistung, Eile, absoluter Verfügbarkeit bei der Arbeit oder anderen Tätigkeiten (der durch den Gebrauch des Mobiltelefons geradezu grotesk geworden ist).

Ich wollte weder eine Enzyklopädie des Gehens noch eine Gebrauchsanweisung oder eine Anthropologie schreiben. Abgesehen von Demonstrationen, die zu gebräuchlichen Riten des sozialen Protests geworden sind, existieren auch andere Märsche als Protestform, wenn politische Gegner lange Strecken zu Fuß zurücklegen, um die Welt nach dem Vorbild Gandhis oder Maos durch ihre Schritte zu erschüttern. Es gibt das Umherirren des jungen Ausreißers von

Bahnhof zu Bahnhof,[5] den quälenden Marsch des Obdachlosen. Doch die Wege sind nicht die gleichen, die einen und die anderen vermessen jeweils eine einzigartige Dimension der Welt, die Wahrscheinlichkeit, dass sie sich treffen, ist gering. Meine Absicht ist es vielmehr, vom Gehen mit Freude im Bauch zu sprechen, das die Begegnung fördert, das Gespräch, den Genuss der Zeit, die Freiheit, den Weg abzubrechen oder ihn fortzusetzen. Einladung zum Vergnügen und nicht Anleitung, es richtig zu machen; ein stiller Triumph des Denkens und des Gehens.

Bei diesem Buch steht die Sinnlichkeit, die Freude an der Welt, im Mittelpunkt des Schreibens und Denkens. Ich verspürte Lust, gleichzeitig durch das Schreiben und durch die beschrittenen Pfade meiner Wege zu gehen. Dieses Buch bringt auf den gleichen Seiten Pierre Sansot und Patrick Leigh Fermor zusammen, es lässt Bashō und Robert Louis Stevenson ohne Rücksicht auf historische Korrektheit ins Gespräch kommen, denn Letztere ist nicht wesentlich; es geht lediglich darum, gemeinsam zu gehen und Eindrücke auszutauschen, als säßen wir in einer Herberge am Wegesrand zu Tisch, am Abend, wenn die Erschöpfung und der Wein die Zungen lösen; ein Spaziergang in aller Einfachheit und guter Gesellschaft, wobei es dem Autor auch wichtig ist, sein Gefallen nicht nur am Gehen, sondern auch an manchen Lektüren und dem konstanten Gefühl auszudrücken, dass jede Schrift von anderen genährt ist und dass es berechtigt ist, in einem Text an dieses Bedürfnis zum Jubel zu erinnern, das oft die Feder des Schriftstellers antreibt. Ansonsten sind es Erinnerungen, die dahinziehen, Eindrücke, Begegnungen, Unterhaltungen, zugleich wesentlich und nichtig, kurz gesagt: der Reiz der Welt.[6]

Der Geschmack des Gehens

»*Ich glaube, dass ich meine körperliche und geistige Gesundheit nur bewahre, indem ich täglich mindestens vier, gewöhnlich jedoch mehr Stunden damit verbringe, absolut frei von allen Forderungen der Welt durch den Wald und über Hügel und Felder zu schlendern. (...) Ich kann keinen Tag in meinem Zimmer verbringen, ohne Rost anzusetzen, und zuweilen, wenn ich mich um vier Uhr nachmittags, gewissermaßen um die elfte Stunde, zu einem Spaziergang fortgestohlen habe, zu spät, um das Tagwerk noch zu retten, da die Schatten der Nacht sich bereits mit dem Licht des Tages mischen, habe ich ein Gefühl, als hätte ich eine Sünde begangen, für die ich büßen muss. Und doch bin ich, wie ich gestehe, verblüfft über das Beharrungsvermögen und vor allem die moralische Gefühllosigkeit meiner Nachbarn, die sich Wochen, ja ganze Jahre von früh bis spät in Büros und Werkstätten einschließen.*«[7]

Henry David Thoreau

Gehen

Das Gehen führt in die Wahrnehmung der Welt ein, es ist eine Erfahrung, die dem Menschen die Initiative überlässt. Es begünstigt nicht den bloßen Blick, im Unterschied zum Zug und zum Auto, die die Passivität des Körpers und den Abstand von der Welt lehren. Man geht ohne Grund, aus Freude daran, die vergehende Zeit zu genießen, um einen Umweg zu machen, damit man sich am Ende des Weges wiederfindet, um unbekannte Orte und Gesichter zu entdecken, durch den Körper sein Wissen über eine unerschöpfliche Welt von Sinn und Sinnlichkeit zu erweitern, oder einfach nur, weil der Weg eben da ist. Das Gehen ist eine stille Methode der Wiederverzauberung von Zeit und Raum. Es ist eine kurzzeitige Entäußerung durch das Erreichen einer inneren Fundgrube, die nur das Zittern eines Moments lang besteht. Es erfordert eine bestimmte Einstellung, eine heitere Demut gegenüber der Welt, Gleichgültigkeit gegenüber der Technik und modernen Fortbewegungsmitteln oder zumindest ein Sinn für die Relativität der Dinge. Es erweckt die Sorge für das Grundlegende, die Freude an der Zeit ohne Hast. Stevenson beschreibt dies so: »Wer wirklich zur Bruderschaft gehört, der reist nicht auf der Suche nach Malerischem, sondern auf der Suche nach bestimmten, glücklichen Stimmungen – nach der Hoffnung und dem Geist, die die ersten Schritte des Morgens begleiten und nach dem Frieden und der geistigen Fülle der abendlichen Ruhe.«[8]

Bei Rousseau ist das Gehen einsam, es ist eine Erfahrung der Freiheit, eine unerschöpfliche Quelle von Beobachtungen und Träumereien, eine glückselige Freude an den Wegen mit unerwarteten Begegnungen und Überraschungen. Sich an eine Reise in seiner Jugend nach Turin erinnernd, drückt Rousseau seine Wehmut und seine Freude über das Gehen aus: »Ich erinnerte mich nicht, im ganzen Verlauf meines Lebens je so völlig frei von allen Sorgen und Mühen gewesen zu sein wie die sieben oder acht Tage, die wir zu dieser Reise brauchten (...). Diese Erinnerung hat mir die lebhafteste Vorliebe für alles, was damit in Verbindung steht, insbesondere die Berge und die Fußreisen, zurückgelassen. Nur in meinen jungen Jahren bin ich zu Fuß gereist und stets mit Entzücken. Bald aber haben mich die Pflichten, die Geschäfte, das Mitnehmen von Gepäck gezwungen, den Herrn zu spielen und einen Wagen zu nehmen (...), und während ich sonst auf meinen Reisen nur die Wanderlust empfand, fühlte ich dann nur mehr das Bedürfnis anzukommen.«[9]

Als er von Solothurn nach Paris zurückkehrt, erlebt der junge Rousseau die Vollkommenheit der Momente, in denen es einzig um das Dasein geht: »Ich brauchte für diese Reise vierzehn Tage, die ich zu den glücklichen meines Lebens zählen kann. Ich war jung, fühlte mich wohl, hatte genug Geld, viel Hoffnung, reiste zu Fuß und reiste allein. Meine süßen Traumbilder leisteten mir Gesellschaft, und nie wieder hat die Glut meiner Vorstellungskraft reizendere erzeugt. (...) Nie wieder habe ich so viel nachgedacht, nie war ich mir meines Lebens, meines Daseins so bewusst, nie war ich sozusagen mehr ich selbst als auf den Reisen, die ich allein und zu Fuß gemacht habe.«[10] Das gleiche Bekenntnis treibt den jungen Kazantzakis an: »Dass man jung sei, fünfundzwanzig

Jahre alt, gesund, dass man keine bestimmte Person liebe, weder Mann noch Frau (die einem das Herz verengt und einen nicht mit gleicher Hingabe alles lieben lässt), und dass man zu Fuß wandere, vom einen Ende Italiens zum anderen, und dass es Frühling sei und der Sommer komme, der Herbst und der Winter mit Früchten und Regengüssen – ich glaube, es wäre Frevel, wenn der Mensch sich ein größeres Glück wünschen möchte.«[11]

Das Gehen, selbst ein bescheidener Spaziergang befreit zeitweilig von den Sorgen, die unsere hastige und ängstliche Existenz in der heutigen Gesellschaft belasten. Es führt zur Selbstempfindung zurück, zum Rauschen der Dinge, und stellt eine Werteskala wieder her, die die kollektive Routine oft beschneidet. Nackt vor der Welt, im Gegensatz zum Autofahrer oder Nutzer der öffentlichen Verkehrsmittel, fühlt sich der Gehende für sein Handeln verantwortlich, er steht in seiner vollen Größe da und kann schwerlich seine grundlegendste Menschlichkeit vergessen.

Am Anfang der Reise steht ein Traum, ein Vorhaben, eine Absicht: Namen, die durch die Vorstellung segeln, der Ruf der Straße, des Waldes, der Wüste, das Bedürfnis, aus dem Gewöhnlichen auszubrechen, für ein paar Stunden oder ein paar Jahre zu fliehen, oder auch der Wunsch, eine bestimmte Region zu bereisen, sie besser kennenzulernen, zwei voneinander entfernte Punkte im Raum zu verbinden oder sogar die Entscheidung, eine reine Irrfahrt zu unternehmen. Es gibt Berichte, Schilderungen von Reisenden, Gerüchte, einen Anreiz, sich dorthin zu begeben anstatt »die Katzen von Sansibar zu zählen«[12] oder die Wellen von Punta del Este, weil man sich einen ferneren Ort nicht vorstellen kann. Der Traum vom Ende der Welt ist immer mächtig, vielleicht nährt er im Unterbewusstsein das Gefühl, man sähe, an diesem Punkt angekommen und sich nach vorne beugend, einen Abgrund oder aber, wenn man stehen bleibt, eine riesige Mauer.

Sicher, alle Vorwände sind gut: die Assonanz eines Namens, die Erinnerung an einen empfangenen Brief, ein Buch aus der Kindheit, ein köstliches Gericht, einige Zeit, die es in aller Ruhe totzuschlagen gilt, ohne große Entfernungen zurückzulegen, oder aber ein Drama, das man zu vergessen sucht, indem man sich in der Weite verliert. Laurie Lee, ein junger Engländer von neunzehn Jahren, verlässt eines schönen Sommermorgens im Jahre 1935 das Haus seiner Eltern und belastet sein Gemüt kaum mit der Wahl des Reiseziels: »Wo sollte ich also hingehen? Es war nur eine Frage des Hingelangens – nach Frankreich? Italien? Griechenland? Ich wusste von all diesen Ländern nichts, sie waren nur Namen mit leicht opernhaften Anklängen. Ich konnte auch keine Sprachen, fand also, ich könne, wohin auch immer zu gehen ich mich entschloss, wie ein Neugeborener dort anlangen. Dann fiel mir ein, dass ich irgendwo einmal die spanische Übersetzung für ›Würden Sie mir bitte ein Glas Wasser geben?‹ aufgelesen hatte, und dieser kümmerliche Rettungsanker gab wohl letztlich den Ausschlag. Ich beschloss, nach Spanien zu gehen.«[13] Im Dezember des Jahres 1933, einige Monate vor Laurie Lee, verließ ein weiterer Engländer, Patrick Leigh Fermor, im Alter von achtzehn Jahren den Komfort des Heimatlandes, um Europa zu Fuß zu durchqueren, von Holland nach Konstantinopel: »Ich brauchte Tapetenwechsel, ich musste fort aus London, fort aus England; wie ein Landstreicher – auch wenn ich mich in meiner typischen Art als Pilger, Wallfahrer, wandernder Gelehrter, verarmter Ritter oder der Held von *The Cloister and the*

Hearth sah – würde ich über den europäischen Kontinent ziehen! Mit einem Male war das nicht nur das Naheliegende, es war das einzig überhaupt Denkbare für mich. Ich würde auf Wanderschaft gehen, im Sommer in Heuschobern schlafen, bei Regen oder Schnee Zuflucht in Scheunen suchen, Bauern und andere Wanderer wären meine einzigen Gefährten. (...) Ein neues Leben! Freiheit! Etwas, worüber ich schreiben konnte!«[14]

Es gibt auch Bücher, Ratgeber, um die Angst abzuwenden, Orientierungshilfen, um sich nicht zu verirren. Bei ihrer Lektüre entflammt der Tagtraum und füllt die bevorstehende Reise mit Namen, Orten und destillierten Anekdoten. Und dann sind da noch die Karten, mit ihren Linien und Farben, um die Entfernung zu Herberge und gedecktem Tisch in Muskelkraft und Kurven zu bemessen, Hindernisse und unüberwindbare Flüsse zu erkennen und unter Umständen – für denjenigen nicht zu vergessen, der über längere Zeit und in unbekannten Gebieten unterwegs ist – Wärme- und Kältebereiche zu bestimmen, Regenzeiten, Monsun, Stürme, mögliche Überflutungen, ja sogar Bürgerkriege usw. Die meteorologischen, geografischen und sozialen Widrigkeiten bergen die Gefahr, die Strecke unmöglich zu machen und den Wanderer bis hin zur Bewegungslosigkeit einzuschränken. Fernab von Karte und Bericht, jenseits der imaginären Linien, die die Sehnsucht antreiben, erstreckt sich der tatsächliche Weg, dem es zu folgen gilt und der seine Forderungen an den Willen und die körperliche und seelische Widerstandsfähigkeit des Reisenden stellt. »Hinter diesen Worten, hinter diesen bildhaften Zeichen, üblicherweise auf der fiktiven Ebene eines Papiers ausgebreitet, muss ich erraten, was sich wirklich an Masse, an Steinen und Erde, an Bergen, an Wasser in einem genau festgelegten Landstrich der geographischen Welt befindet.«[15]

Der erste Schritt

Die Zeit selbst ist ein ruheloser Reisender, stellt Bashō bei der Betrachtung der vorüberziehenden Jahreszeiten und Tage fest. Der unverbesserliche Wanderer macht die Straße zu seiner Lagerstätte, auch wenn ihm auf dem Weg manchmal der Tod begegnet. Bashō beschreibt das in ihm aufsteigende Verlangen, nach langer Zurückgezogenheit wieder aufzubrechen: »Meine Gedanken hören dennoch nicht auf, wohl angeregt durch den Wind, der die Wolkenfetzen jagt, um das stete Getriebenwerden zu schweifen – ich weiß schon gar nicht mehr, von welchem Jahr an.

So war ich denn jene Küsten entlanggestapft, um im vorigen Herbst in meine brüchige Hütte am Fluss zurückzukehren, wo ich das alte Spinngewebe wegfegte – Allsobald ging das Jahr zu Ende. Und kaum war das neue angebrochen mit seinem dunstüberzogenen Himmel, kam bereits die Sehnsucht in mir auf, die Grenzbarriere von Shirakawa im Frühlingsnebel zu überschreiten. Die Gottheiten der Verführung betörten mein Herz und die Wegegötter winkten mir zu, so dass mir keine Arbeit mehr von der Hand ging. Ich flickte daher meine Hose, wechselte das Band meines Wanderhutes und brannte mir Moxa ab unterhalb der Knie. Im Geiste sah ich bereits den Mond von Matsushima, als ich meine Wohnstätte anderen überließ [...].«[16]

Der erste Schritt, der einzige, der einer Redewendung zufolge zählt, ist nicht immer leicht; für eine mehr oder weniger lange Dauer entreißt er der Ruhe des geordneten Lebens, liefert den Zufällen des Weges, des Wetters, der Begegnungen und eines Tagesablaufs aus, der von keinerlei Zeitdruck bestimmt ist. Die anderen, Freunde und Familie, entfernen sich von den rhythmischen Schritten des Wanderers auf seinem Streifzug, es wird immer schwieriger, umzukehren.

Der junge Laurie Lee ist im Begriff, die fünfhundert Kilometer zurückzulegen, die sein Dorf von London trennen. Doch die Anfänge sind bitter, beim Anblick der Hecken, deren Zweige mit Hagebutten und Holunderbeeren bedeckt sind, strömen Erinnerungen auf ihn ein. Auf der einen Seite steht das Gefühl, das aus der Erinnerung an vergangene Zeiten im vertrauten Heim entsteht, auf der anderen Seite die glühende und menschenleere Straße an jenem Sonntag, geprägt von der Gleichgültigkeit einer gesegneten Zeit, in der Autos noch selten sind und noch nicht jeden Winkel besetzen. Eine Welt erstreckt sich vor diesem Wanderer, der noch zögert, den nächsten Schritt zu wagen. »In der Einsamkeit des Vormittags und Nachmittags spürte ich plötzlich, wie ich mich nach einem Hindernis, nach einer Hilfe sehnte, nach dem Geräusch eiliger Schritte hinter mir und den Stimmen der Meinen, die mich heimriefen.«[17] Kein Wort dringt zu ihm und macht seine neuerworbene Freiheit zunichte, die Welt liegt grenzenlos vor ihm, und seine erste große Reise führt ihn bald in das Spanien vor dem Bürgerkrieg.

Die Arbeit wird genauso zurückgelassen wie all die anderen gewöhnlichen Tätigkeiten, üblichen Verpflichtungen, die Anwesenheitspflicht oder Erreichbarkeit. Der Wanderer erfährt den Genuss, in die Anonymität zu gleiten, für niemanden mehr da zu sein außer für seine Weggefährten oder diejenigen, denen er unterwegs begegnet. Den ersten Schritt zu tun bedeutet, für kürzere oder längere Zeit ein anderer zu sein.

Den ersten Schritten wohnt die Leichtigkeit des Traums inne, der Mensch geht auf der Spur seiner Sehnsucht, den Kopf voller Bilder, frei, er kennt die Erschöpfung noch nicht, die ihn in einigen Stunden erwartet. »Ab sofort«, schreibt Victor Segalen, »kann ich behaupten, dass die imaginäre Wirklichkeit furchtbar ist und das größte angsteinflößendste Schreckgespenst. Nichts übersteigt das Entsetzen jenes Traums in dieser Nacht vor der Abreise, ich muss also gleich aufstehen: Ich bin auf dem Weg.«[18] Aber es genügt nicht allein, aufzubrechen, denn wer weit reisen will, sollte sein Reittier schonen und seine Kräfte nicht überschätzen. Die Begeisterung der ersten Tage weicht bald einem vernünftigen Maßhalten, vorbei die jähe Steigerung des Tempos, die dem Vagabundengeist freien Lauf lässt. Man muss stunden-, tage-, oder wochenlang unterwegs sein, um überhaupt zu lernen, geradeaus und mit regelmäßigem Schritt zu gehen.

Das Königreich der Zeit

Das Gehen ist dem Haus und dem Genuss einer festen Unterkunft entgegengesetzt, denn das Schicksal seiner Schritte verwandelt den Menschen im Vorübergehen in den Menschen jenseits des Weges, nicht greifbar, ohne ein Dach über dem Kopf, die Sohlen abgenutzt, schon fortgegangen; denn die Welt ist eben die Stätte, an der er sich jeden Abend zur Ruhe legt. Hier oder dort sind nichts als Modulationen im

Verlauf des Weges. Eigentlich ist der Gehende nicht im Raum, sondern in der Zeit zu Hause: der Halt am Abend, die Ruhepause in der Nacht, die Mahlzeiten, eingenommen in einer Bleibe, die täglich wechselt. Der Gehende ist derjenige, der sich Zeit lässt und sich von der Zeit nichts nehmen lässt. Wenn er diese Art der Fortbewegung den anderen vorzieht, beweist er seine Souveränität dem Terminkalender gegenüber, seine Unabhängigkeit von den sozialen Rhythmen, die Fähigkeit, seine Tasche am Wegesrand niederzulegen, um sich eine schöne Mittagsruhe zu gönnen oder sich an einem Baum oder einer Landschaft zu erfreuen, die ihn plötzlich rührt; oder aber er interessiert sich für einen einheimischen Brauch, mit dem ihn das wohlmeinende Schicksal überrascht. Laurie Lee stellt fest, wie riesig im Vergleich zum menschlichen Körper das Stück von England ist, das er durchwandert: »Ein Automobil freilich hätte es in ein paar Stunden durchquert, aber ich brauchte fast eine Woche dazu, als ich es langsam Schritt um Schritt durchmaß, den wechselnden Geruch seiner Erde verspürte, einen ganzen Vormittag brauchte, um einen Berg zu umgehen.«[19]

Das Gehen kann manchmal im Laufe der Stunden langweilig werden, wenn die Landschaft zu monoton oder die Hitze zu groß ist, wenn die Stimmung des Wandernden von Sorgen getrübt ist, von denen er sich nicht befreien kann. Voller Ungeduld, das nächste Zwischenziel oder sein Heim zu erreichen, wird ihm das Gehen zum Bußgang, der ihn daran erinnert, wie er einst zur Bestrafung eine ganze Pause lang den Schulhof durchmessen musste. Er kann es kaum erwarten, endlich sein Gepäck abzustellen und etwas anderes zu tun. Die Langeweile kann aber auch ein ruhiger Hochgenuss, ein vorübergehender Rückzug von der alltäglichen

Eile sein, die einen am Morgen mittellos und erstaunt zurücklässt, mit leeren Händen, den Kopf voll von dem vagen Gefühl von Reue, nicht bei der Sache zu sein – ein paradoxes Gefühl der Trägheit, das einen nicht davon abhält, gute dreißig Kilometer am Tag zu laufen.

Der Gehende ist reich an Zeit, er hat die Muße, Stunden damit zu verbringen, sich ein Dorf anzusehen oder einen See zu umrunden, einen Hügel zu erklimmen, einen Wald zu durchqueren, nach Tieren zu spähen oder im Schatten einer Eiche zu ruhen. Er ist sein eigener Stundenmeister, er badet in der Zeit, als wäre sie sein Element. »Die Kultur des Schritts«, sagt Régis Debray, »lindert die Marter des Kurzlebigen. Sobald man sich den Rucksack aufsetzt und der Schuh auf Kieselsteine stößt, verliert der Geist das Interesse an den neuesten Nachrichten. Wenn ich dreißig Kilometer zu Fuß zurücklege, berechne ich meine Zeit in Jahren; sind es dreitausend mit dem Flugzeug, berechne ich mein Leben stundenweise.«[20] Leigh Fermor bleibt ganze Wochen an Orten, mit denen er sich angefreundet hat. Sicher kommt es vor, dass der Wanderer keine Wahl hat, man denke an die Schwierigkeit, in einen Dschungel oder in Wüsten vorzudringen, und das Gehen ist manchmal eine Qual, so wie es bei zahlreichen Expeditionen der Fall war, wie wir später noch bei Burton und Speke sehen werden, wenn man sich trotz der Schrecken des Weges mit einer langen Reise abfinden muss. Meistens jedoch ist der Gehende ein freier Mensch, der niemandem Rechenschaft schuldig ist. Er ist ein Mann der Gelegenheiten par excellence, Zeitkünstler, der vorübergeht, Flaneur der Umstände, der sich mit Fundstücken am Wegesrand versorgt. »Ein Leben damit zu verbringen, nicht mehr auf die Stunden zu achten, das ist die

Ewigkeit«, träumt Stevenson. »Wenn Sie es nie versucht haben, können Sie sich nicht vorstellen, wie endlos lange ein Sommertag währt, den man nur am Hunger misst und mit dem Schlaf beendet.«[21]

Jedes Gefühl für Dauer schwindet, der Gehende befindet sich in einer verlangsamten Zeit, nach Maßstab des Körpers und des Verlangens. Die einzige Eile rührt manchmal daher, schneller als die einbrechende Dunkelheit sein zu wollen. Seine Uhr ist kosmisch, sie gehört zur Natur und zum Körper, nicht zur Kultur mit ihrer Angewohnheit, Zeiträume akribisch zu zerschneiden. Frei in der Zeit zu sein bedeutet auch, im Verlauf ein- und derselben Reise die Jahreszeiten zu durchqueren, während man in den Bergen wandert, wie es zum Beispiel Matthiessen und sein Begleiter George Schaller erlebt haben, als sie das Plateau von Dolpo, eine tibetisch-nepalesische Grenzregion, bereisten, um das Verhalten von Schneeleoparden zu untersuchen: »Über Raka lag schon die Winterstarre, in Murwa stand der Winter gerade bevor, in Rohagon war es Spätherbst, und nun stehen hier, im Tal nach Tibrikot, die Walnussbäume noch in vollem Laub, grüne Farne ziehen sich am Ufer entlang, ein Wiedehopf zeigt sich, und in der warmen Luft flitzen Schwalben und gaukeln Schmetterlinge. So reise ich gegen die Zeit in das müde Licht des scheidenden Sommers hinein.«[22]

Der Körper

Wir befinden uns im Jahr 1969. Einige Männer, deren Körper schwer beladen, korrigiert, neu definiert wurden mit einer unglaublichen Menge an Prothesen, erfüllen einen Traum, zumindest den Traum vieler Menschen: auf dem Mond zu gehen. Nach Cyrano oder den Figuren Jules Vernes, nach Tim und Struppi. Einer der Astronauten, Neil Armstrong, dreht sich nach einigen Schritten um, fasziniert von den Zeichen, die er dem Boden des Meers der Ruhe aufgedrückt hat. Er fotografiert seine eigenen Spuren. Wohlgemerkt, dies sind nicht die barfüßigen Abdrücke irgendeines Freitags. Dieser Robinson hat kaum die Absicht, die schweren Apparate, die ihm als Schuhe dienen, abzulegen. Ich stelle mir den Fakten zum Trotz gern vor, dass Neil Armstrong sich in dem Anzug, der voll von Instrumenten ist, die seine physiologischen Funktionen ersetzen, um ihn vor der Außenwelt zu schützen, eingeengt fühlt. Es ist keine Furcht im eigentlichen Sinne; Armstrong fragt sich, aber ein bisschen zu spät, was er vom Mond sieht, fühlt, hört, riecht, schmeckt. Er fragt sich, was er seinem Sohn erzählen wird, wenn dieser ihn fragen wird, wie er diesen Moment empfunden hat. Er denkt mit unendlicher Wehmut an die Flüsse seiner Heimat Montana (ich stelle mir das nur vor, ich weiß nicht, woher er stammt, und es ist mir auch egal). Er würde gern seinen Raumanzug ausziehen, eine Handvoll Mondsand aufheben und in die Luft werfen, um zu sehen, ob es windig ist, laufen und den Boden unter den nackten Füßen spüren. Doch er kommt sich ziemlich lächerlich vor, eingeklemmt zwischen den Sensoren, den Mikroprozessoren, diesem schweren Anzug, der ihn zu einem plumpen Gang zwingt. »Was für ein Schwachsinn, hier zu sein und nichts tun zu können außer sich das anzusehen, was Millionen Menschen zur gleichen Zeit ebenfalls sehen können. Das ist wie mit einer Halsentzündung schlotternd am Rand eines klaren Gewässers zu stehen, das zum

Baden einlädt. Ohne Körper zu gehen, mit diesem Ding auf dem Rücken, was für ein Hohn!«, denkt er bitter. Angesichts der Weigerung der Welt, in die Gussform zu fließen, in der wir sie gern hätten, erfindet man Situationen, die uns ein bisschen Recht geben. Hätte mich das Schicksal von Armstrong ereilt: Dies ist es jedenfalls, was mir in den Sinn gekommen wäre. Ein kräftiger Wind auf der Erde ist dem besten Raumanzug tausendmal vorzuziehen. Welchen Wert hat es, ohne Körper zu gehen? In etwa denselben wie das Schwimmen ohne Wasser.

Das Gehen reduziert die Unermesslichkeit der Welt auf die Proportionen des Körpers. Der Mensch ist ihr ausgeliefert, seine einzige Rettung ist seine körperliche Widerstandskraft und seine Fähigkeit, den Weg zu beschreiten, der für sein Vorhaben am geeignetsten ist: Das gilt für denjenigen, der es zulässt, sich zu verlaufen, wenn er das Umherirren zu seiner Philosophie gemacht hat, genauso wie für denjenigen, der seine Reise ohne Tücken zu Ende bringt, wenn er sich allein damit begnügt, von einem Ort zum anderen zu gelangen.

Wie alle menschlichen Unterfangen, selbst das Denken, ist das Gehen eine körperliche Tätigkeit, doch mehr als alle anderen ist es mit der Atmung verknüpft, mit der Erschöpfung, der Willenskraft, dem Mut angesichts der Zähheit des Weges oder der Ungewissheit der Ankunft, den Momenten voll Hunger und Durst, wenn keine Nahrungsquelle, keine Herberge, kein Gehöft in Sicht ist, um die Erschöpfung des Landstreichers zu lindern.

Wenn der Gehende grenzenlos den Raum durchquert, vollendet er einen Rundweg durch seinen Körper, der die Ausmaße eines Kontinents annimmt, über den man immer etwas Neues lernen kann. Er nimmt mit seinem ganzen Leib am Puls der Welt Anteil, er berührt die Steine oder die Erde auf dem Weg, seine Hände betasten eine Baumrinde oder tauchen in einen Bach ein, er badet in Teichen oder Seen, Gerüche durchdringen ihn: feuchte Erde, Linden, Heckenkirschen, Harz, der Gestank eines Sumpfes, Jod der Atlantikküste, Schleier sich vermischender Blütendüfte, von denen die Luft erfüllt ist. Er spürt die Dichte des Waldes, der von Dunkelheit überzogen ist, die Ausdünstungen der Erde oder der Bäume, er sieht die Sterne, er kennt die Beschaffenheit der Nacht, er schläft auf unebenem Boden. Er hört die Schreie der Vögel, das Beben des Waldes, das Krachen des Gewitters oder die Rufe von Kindern in den Dörfern, das Zirpen der Zikaden, das Knacken von Tannenzapfen in der Sonne. Er hat unterwegs Blessuren und Heiterkeit erlebt, Glück oder Angst bei Einbruch der Nacht, Infektionen oder Verletzungen durch Stürze. Der Regen durchnässt seine Kleidung, durchweicht seinen Proviant, verschlammt seinen Pfad; die Kälte verlangsamt sein Vorankommen, zwingt ihn, ein Feuer zu machen, um sich aufzuwärmen und sich mit all seinen Kleidungsstücken zugleich zu bedecken; die Hitze lässt sein Hemd an der Haut kleben, Schweiß läuft ihm in die Augen. Das Gehen ist eine vollständig sensorische Erfahrung, die keinen Sinn vernachlässigt, nicht einmal den Geschmack – für denjenigen, der Walderdbeeren kennt, wilde Himbeeren, Blaubeeren, Brombeeren, Haselnüsse, Walnüsse, Kastanien und so fort, je nach Saison.

Niemals ist die Nahrung so köstlich, wenn sie auch reduziert ist, wie während einer Rast nach großer, stundenlanger Anstrengung. Das Gehen verklärt die gewöhnlichen Momente, es erfindet neue Formen für sie. Laurie Lee beschreibt mit unglaublicher Genauigkeit die tausend Speisen, die den erschöpften Wanderer erwarten, das Glück der Rast, die zitternde Erwartung der ersten Mahlzeiten. »Ich ließ mich auf den Stuhl fallen, den Kopf auf dem Tisch in den Armen geborgen, und lauschte genüsslich den Bewegungen der Frau: dem Klappern der Pfanne auf dem Feuer, dem Knacken einer Eierschale, dem Zischen heißen Öls. Schweiß tropfte mir aus dem Haar und rann mir über die Hände, und mein Kopf schwamm vor Hitze, durchpulst von Visionen des weißen, staubigen Weges und der messinggelb gleißenden Felder.«[23] Er erlebt die leidenschaftliche Wertschätzung von Wasser, Limonade oder Bier, die nach der drückenden Sonne den Durst löschen. »Der erste Schluck Mineralwasser platzte in meiner Kehle und sprühte auf wie gefrorene Sterne«, schreibt Lee. »Dann gab man mir einen Teller Schinken und mehrere Glas Sherry; eine tiefe Müdigkeit kroch mir in die Glieder. Mir ist nichts mehr im Gedächtnis geblieben von meinen Wohltätern, auch nicht vom dem, was sie sagten; nur die schläfrige Herrlichkeit des Trinkens.«[24] Die einfachste Mahlzeit ist manchmal mehr wert als die größten Festessen und bleibt mit größerer Unvergänglichkeit in Erinnerung. Die kargsten Gerichte werden zu wohlschmeckenden Leckereien, wenn sie vom Hunger und der köstlichen Erschöpfung nach einem langen Wandertag gereicht werden. Ein Glas Wasser nimmt, wenn der Durst brennt, den Geschmack eines *d'Yquem*-Weines an. »Durch den extremen Durst erkennt man die Erdbeere unter dem Blatt, durch das extreme Entsetzen vor sich selbst die Kirche und ihren Schatten, an der Grenze der Ermattung erkennt man die verendete Welle, die vom Augustsand aufgesaugt wird ... In dem Moment, wo alles in einem selbst Zurückfallen, Hineingleiten in den

Schlaf ist, lernt man den lebhaften Impuls kennen, das leichte Schweben des Mondes am mitternächtlichen Himmel. Man braucht die Lähmung der ganzen Seele durch einen Gedanken, der seit Stunden lodert und sie mit seinem Rauch erstickt, man braucht ein durch einen inneren Satz zerbrochenes Ohr, so wie der Mohnsamen seine Schale durchbricht, um den Gesang des Laubs in der Luft zu erkennen, seine herzzerreißende Freiheit.«[25] Rodolphe Toepffer knüpft daran an und gibt dem Wanderer einen guten Rat: »Es ist nicht verkehrt, sich so zu verausgaben, dass jede Pritsche weich erscheint, und so auszuhungern, dass der Appetit eine köstliche Würze für die weniger köstlichen Speisen der Natur ist.«[26]

Das Gehen ist eine Form der Erkenntnis, die Bedeutung und den Wert der Dinge ins Gedächtnis ruft, ein ertragreicher Umweg, um die Freude an den Ereignissen wiederzufinden. Eric Newby macht eine schmerzliche Erfahrung, als er auf seinem Weg zum Hindukusch gezwungen ist, unter der stählernen Sonne Wasser aus einem Fluss zu trinken: »Ich träumte von all den kühlen Getränken, die ich in meinem Leben getrunken hatte. *Ginger beer*, das ich als Kind getrunken hatte, schäumendes Lager, Worthington vom Fass, Muscadet, in einem Fluss gekühlt, literweise Pimms, Kübel mit Eiswürfeln ...«[27]

Die Sinne sind klargespült von ihrer Routine, sie bieten eine neue Erfahrung der Welt. »Aber erst am Abend nach dem Essen kommt die beste Zeit.«, schreibt Stevenson. »Man kann keine bessere Pfeife rauchen als die nach einem guten Tagesmarsch; an den Geschmack des Tabaks wird man sich erinnern, er ist so trocken und würzig, so reich und fein. Wenn man den Tag mit einem Grog beschließt, so wird man überzeugt sein, niemals einen so guten getrunken zu haben;

bei jedem Schluck breitet sich ein freudiger Frieden in den Gliedern aus und nistet sich im Herzen ein. Liest man ein Buch – und es wird nur dann und wann gelingen – so findet man die Sprache merkwürdig geistreich und harmonisch; Worte erhalten eine neue Bedeutung; einzelne Sätze klingen wie halbe Stunden im Ohr; und der Autor gewinnt unsere Zuneigung auf jeder Seite, denn wir teilen seine Gefühle.«[28] So erreicht man die Wiederentdeckung der sinnlichen Intensität der Welt auf dem Königsweg, egal ob es sich um Unwohlsein oder ausgelassene Freude handelt. Das Gehen ist eine Methode, um in die Welt einzutauchen, ein Mittel, um sich von der überdauernden Natur durchdringen zu lassen, in Kontakt zu treten mit einem Universum, das den Modalitäten der Erkenntnis und der Wahrnehmung im Alltagsleben unerreichbar bleibt. Im Zuge seines Fortschreitens erweitert der Gehende seinen Blick auf die Welt, stürzt seinen Körper in neue Umstände.

Gepäck

Und immer wiegt die Tasche schwer auf den Schultern, selbst wenn die Erfahrung einen im Laufe der Zeit dazu zwingt, sich alles Überflüssigen zu entledigen, wie Stevenson, der sich auf den Straßen der Cevennen widerstrebend von einer leeren Milchflasche, einem sorgsam aufgesparten Weißbrot, einem Vorrat kalter Keulen und einem Schneebesen, an dem er besonders hing, trennen muss. Am Ende eines Wandertages, wenn die Schultern keine Last mehr ertragen, glaubt der Gehende, einen Sack Steine zu tragen. Der Umfang des benötigten Gepäcks nährt lange Zeit die Sorge des Reisenden. Die Zusammenstellung der notwendigen Objekte erfordert eine komplizierte Form der Alchemie, die für jeden ganz unterschiedlich funktioniert. Ist man bedacht, sich nicht zu viel aufzuladen, darf man nicht zu geizig sein, um nicht von einem Moment auf den anderen feststellen zu müssen, dass einem das Wichtigste fehlt. Der Komfort der Reise ist davon abhängig, im guten wie im schlechten Sinne. Nahrung, Kosmetikartikel, Wechselkleidung, Bettzeug, Bücher, Notizheft, Karten usw. führen zu ausgeklügelten Berechnungen.

Sicher, jeder hat seine Marotten; der eine muss immer einige Tafeln Schokolade mit sich führen, der andere das Gesamtwerk von Proust, ein Dritter einen Anzug, um wenigstens bei der Rast am Abend sein Erscheinungsbild zu wahren. Jacques Lanzmann gesteht, niemals ohne ein kleines Radio aufzubrechen – ziemlich sperrig, trotz allem –, weil er es nicht erträgt, nicht zu wissen, was in Frankreich vor sich geht, während er am Ende der Welt unterwegs ist. Das Gepäck von Leigh Fermor ist recht einfach, zeugt aber dennoch von seinen kulturellen Wurzeln: »(...) ein alter Armeemantel, Unterwäsche in mehreren Schichten, graue Flanellhemden, ein paar weiße für Feiertage, eine weiche lederne Windjacke, Gamaschen, Nagelstiefel, ein Schlafsack (...), Notizbücher und Skizzenblocks, Radiergummis, eine zylindrische Aluminiumdose mit Bleistiften Marke Venus und Golden Sovereign, ein altes *Oxford Book of English Verse*«.[29] Einige Monate später, zu Beginn der Reise ist sein Rucksack gestohlen worden, preist er dieses Unglück, da es ihn von seinem schweren Gepäck und seinem nicht weniger schweren Bettzeug aus sperrigem Material befreite. Von nun an enthält seine Ausrüstung nichts weiter als »einen Schlafanzug, zwei graue Flanellhemden, mehrere blaue kurzärmelige Hemden, zwei weiße Baumwollhemden, die, wenn es darauf ankommt, auch mit Krawatte getragen werden konnten; zwei graue Baumwollhosen, von denen eine besonderen Anlässen vorbehalten war, einige Paar Socken (...)« sowie Taschentücher, einen Kompass, ein Taschenmesser, Kerzen, Streichhölzer, eine Pfeife, Tabak, Zigaretten und einen Flachmann für verschiedene lokale Schnäpse.[30] Nur sein Militärmantel behindert ihn noch. Man sieht, dass Leigh Fermor trotz seines Gefühls der Leichtigkeit weit davon entfernt ist, ohne Gepäck zu reisen. Bashō, der das feudale Japan bereist und in langen meditativen Pausen Haikus verfasst, ist trotz leichten Gepäcks kein Experte auf dem Gebiet der Erfordernisse einer Reise. Auch wenn er fest entschlossen ist, »mit nichts anderem als meinem eigenen Körper« loszuwandern, ist manches dennoch vonnöten: »Nun kam doch etliches hinzu: ein Papiergewand gegen die Nachtkälte, ein Bade-Kimono, Regenzeug, Pinsel und Tusche und ähnliches.«[31]

Das Gepäck bezeichnet den Menschen, es stellt in materieller Hinsicht einen Teil von ihm dar, indem es den unbeteiligten Beobachter sofort erahnen lässt, was in den Augen des Reisenden das Wichtigste ist, was er nicht entbehren kann, ohne das Gefühl zu bekommen, seine Zeit zu vergeuden oder zu verwahrlosen. Es verkörpert gleichzeitig eine Art der Soziologie und der Psychologie. Jedoch reicht eine gute Ausrüstung nicht, wenn die Beine nicht mitspielen. Und Rodolphe Toepffer erinnert uns in seinen köstlichen *Reisen im Zickzack* an das Wichtigste: »Es ist gut, abgesehen vom Gepäck, einen Vorrat an Schwung, Heiterkeit, Mut und guter Laune mit auf die Reise zu nehmen.«[32]

Allein oder in Gesellschaft?

Der Marsch im Alleingang hat seine Anhänger, von Rousseau über Stevenson bis hin zu Thoreau; er ist eine Suche nach innerer Versenkung, Zurückgezogenheit, dem Flanieren, die durch die Anwesenheit eines Gefährten gestört würden; man wäre an das Reden gebunden, an die Pflicht zur Kommunikation. Die Stille ist der Boden, der den einsamen Wanderer nährt. Rousseau hütet seine Einsamkeit mit Eifersucht: »Wenn man mir einen leeren Platz in einem Wagen anbot, oder wenn mich unterwegs jemand ansprach, zog ich ein finsteres Gesicht, aus Furcht, das Glückshaus, das ich mir beim Wandern baute, einstürzen zu sehen.«[33] Stevenson stellt von vorneherein die Theorie auf, dass die Einsamkeit des Gehenden zwingend erforderlich sei: »Nun, um eine Fußwanderung richtig genießen zu können, sollte man sie alleine unternehmen. Ist man in einer Gesellschaft oder selbst zu zweit unterwegs, so handelt es sich nur noch dem Namen nach um eine Fußwanderung; es ist etwas anderes, das eher einem Picknick gleicht. Eine Fußwanderung sollte man allein unternehmen, denn Freiheit ist von entscheidender Bedeutung; man muss in der Lage sein, zu verweilen und weiterzugehen, und diesem oder jenem Weg zu folgen, wie es einem gerade in den Sinn kommen möge; und weil man seinem eigenen Rhythmus folgen muss, anstatt neben einem Meisterläufer einherzutraben oder in den Trippelschritt eines Mädchens zu verfallen.«[34]

Seine Schlüsse aus einer schwierigen Reise ziehend, pflichtet Victor Segalen den Überlegungen Stevensons bei, nachdem ihn eine schlechte Erfahrung zu einem Umweg zwang: Er zieht die einsame Wanderung selbst einer Reise mit seinen besten Freunden vor. Auch Thoreau drückt sich klar aus: »Ich bin mir sicher, dass ich, suchte ich mir einen Weggefährten, ein Stück meiner gemeinschaftliche Nähe zur Natur einbüßen würde. Mit Sicherheit wäre mein Spaziergang dann gewöhnlicher. Das Bedürfnis nach Gesellschaft bedeutet eine Distanzierung von der Natur. Der Spaziergang wäre weniger wild und geheimnisvoll.«[35]

Hazlitt, den Stevenson oft zitiert, geht es kaum anders. In geschlossenen Räumen schätzt er Gesellschaft, in der Natur ist er jedoch lieber allein, damit er sich schweigend in die Landschaft einfügen kann. Was allerdings längere Ausflüge an besondere Orte betrifft, so bekennt Hazlitt, einen Reisegefährten durchaus zu schätzen zu wissen, da manche Eindrücke so gewaltig seien, dass man sie teilen müsse.[36] Auch Paul Théroux ist bemüht, seine Einsamkeit zu wahren. Seine Gedanken sind klarer, wenn er allein ist, und er schätzt die Möglichkeit, nach Belieben innezuhalten und sie zu Papier zu bringen.[37]

Während seiner Rundreise durch Spanien macht Laurie Lee die Bekanntschaft von Romero, einem jungen Vagabunden. Sie schlagen einen gemeinsamen Weg ein, doch recht bald wird Lee seines Gefährten überdrüssig, den er wehleidig, faul und geschwätzig findet. »Mein Vergnügen an seiner Gesellschaft hielt ungefähr drei Tage an, dann wurde es schal und nahm rasch ab. Jetzt konnte ich mir nicht mehr einbilden, ich sei König der Landstraße, der einsame Wanderer, der ich in meiner Phantasie sein wollte. Bei mir hatte sich ein eingefleischter Geschmack an der Leere der Einsamkeit herausgebildet, und dem stand Romeros Gegenwart entschieden im Wege.«[38] Er nutzte die Siesta, die sich Romero um nichts in der Welt nehmen ließ, um ihn zu verlassen. »Die

Erleichterung, die ich verspürte, als ich mich endlich allein wiederfand, war so außerordentlich, dass ich geradewegs in Richtung der Hügel verschwand.« Den ganzen Tag lang heftet sich Romero mit einigem Abstand an Laurie Lees Fersen, ohne dass es ihm gelingt, ihn aufzuholen. Dieser, der sich wegen seines Verhaltens schuldig fühlt, aber nicht weiter gewillt ist, sich mit einem Gefährten zu belasten, hält den Rufen des jungen Vagabunden stand und bleibt bei seinem Entschluss. Mit einem letzten Ruf verschwindet Romero und lässt Laurie Lee in ungehemmter Freiheit zurück. Jacques Lanzmann vertritt seinen Standpunkt klar und deutlich. Er redet es jedem aus, sich ihm anzuschließen, auch wenn es offensichtlich schon dazu gekommen ist, dass er in der Gruppe reiste: »Unterwegs«, warnt er, »bin ich ein unerträglicher Typ. Ich verlange viel von mir und anderen. Jedes Mal, wenn ich mit Freunden aufgebrochen bin, kam ich mit Feinden wieder. Zehn Tage mit jemandem zu gehen ist wie zehn Jahre mit ihm zu leben. Seine Fehler, aber auch seine Qualitäten ziehen wie im Zeitraffer vorbei. Ich verzeihe weder Ermüdung noch Mutlosigkeit noch Hinken. Ich ertrage es nicht, aufgehalten zu werden. Anzuhalten. Zu warten. Pech für sie, Pech für mich. Wer mich mag, hält mit mir Schritt.«[39] So Gott will, erleidet J. Lanzmann selbst nie einen Schwächeanfall oder zieht sich eine Verletzung zu, die ihn hinken lässt.

Ganz anders hingegen Philippe Delerm in der Landschaft der Normandie. Zu Beginn seines Buchs über die Wege huldigt er seiner Gefährtin, Schöpferin der Fotografien, die seinen Schriften einen Bildkörper geben. »Zehn Jahre der Flanerie zu zweit, und das ist ein anderes Privileg; die Stille der Wege mit der Frau zu teilen, die man liebt. Ich kritzelte meine Notizen hin, sie machte Fotos. Aus diesen sich kreuzenden Blicken entstanden später die Wörter und die Bilder, die im Passgang liefen.«[40] Was Toepffer betrifft, dieser erinnert an eine der möglichen (sich aber nicht immer einstellenden) Tugenden der Gruppenreise, nämlich die Solidarität: »Was die Anzahl anbelangt, sie erhöht die Lebhaftigkeit, die Vielfalt der Gespräche und des Umgangs, doch als Erstes und vor allem den Geist der Gemeinschaft, der Kolonie, das heißt der gegenseitigen Hilfe, des regen Beitrags, der Organisation, die am Vorankommen orientiert ist oder im jeweiligen Moment improvisiert wird, mit Blick auf die Kleinen, die Schwachen, die Lahmen.«[41]

Das wäre doch eine schöne Lektüre für Jacques Lanzmann.

Blessuren

In *Kindheit* schreibt Rimbaud: »Ich bin der Fußgänger auf der großen Straße durch den Zwergenwald; der Lärm der Schleusen überdeckt meine Schritte. Ich betrachte lange die melancholische Goldlauge der untergehenden Sonne.«[42] Vom neunzehnten bis zum dreiundzwanzigsten Lebensjahr vagabundiert er in Belgien, England, Deutschland und anderswo. Er geht von Charleville nach Mailand und legt die Strecke dabei fast ausschließlich zu Fuß zurück. Doch das Ausreißen und Wandern in Freiheit wird später, im Mannesalter, dem eher selbstbezogenen Umherwandern weichen, erdrückend durch die Folgen, die es nach sich zieht. Rimbaud, »der Mann mit den Windsohlen« (Verlaine), der »beachtliche Vorübergehende« (Mallarmé), führt den Tumor, der an seinen Knien nagt, auf die erschöpfenden Wanderungen durch die Region Harar zurück. Alain Borer erklärt, dass die Maultiere oder Kamele in ihrem Leben nur einmal den Weg von Harar bis zur Küste gingen. Entweder sie starben unterwegs, oder ihnen wurde bei der Ankunft der Gnadenschuss gegeben, so groß war die Anstrengung. Rimbaud legte diese Strecke um die fünfzehn Mal zu Fuß zurück, unter schlimmsten Bedingungen.[43] Er, der von sich selbst als »Fußgänger, nichts weiter« träumte, verliert ein Bein nach zu vielen quälenden Märschen und Zugeständnissen an die Welt, die seine Gedichte kaum erahnen ließen.

Die Blöße einer Strecke, die nur den Körper in Anspruch nimmt, impliziert die Verwundbarkeit des Gehenden. Die Blessuren sind Legion, vor allem an den Füßen, der vordersten Front, weil der kurzsichtige Wanderer seine Reise zum Anlass genommen hat, sich ein Paar neue Schuhe zu kaufen, ohne sie zuvor außerhalb des Ladens auszuprobieren. Das raue Material sorgt bald für Hautabschürfungen und Blasen, die das erhoffte Vergnügen in ein Martyrium verwandeln. Die Pausen kommen einem Krankenhausaufenthalt gleich. Zum Glück erhält Cochrane, der zu Beginn des 19. Jahrhunderts bis nach Kamtschatka wanderte, von einem Weggefährten eine Rezeptur, deren Wirksamkeit er unaufhörlich preist: »Eine Mischung aus Alkohol und Kerzentalg, vor dem Zubettgehen auf die Füße gerieben, soll Blasen über Nacht verschwinden lassen.«[44] Nach und nach passen sich die Schuhe den Füßen an, oder umgekehrt. »Zuerst musste ich hinken, aber meine Blasen waren hart geworden und schließlich konnte ich ohne Schmerzen gehen.«[45] Überraschend, als eine Art homöopathischer Behandlung möglicher zukünftiger Ärgernisse, entscheidet der junge Kazantzakis, überwältigt vom Glück des Gehens auf den Straßen Italiens, sich eine Art schmerzhaften Ausgleichs aufzuerlegen, als ob zu viel Ausgelassenheit ihn zu ersticken drohte: »In Florenz war ich so glücklich, dass es nach meinem Begriff die menschlichen Ansprüche überstieg und ich einen Weg suchte, um zu leiden. So kaufte ich mir ein Paar sehr enger Schuhe; ich zog sie morgens an und litt so sehr, dass ich nicht mehr laufen konnte. Ich hüpfte wie ein Rabe; von morgens bis mittags war ich unglücklich, aber nachmittags, als ich die Schuhe wechselte, um spazierenzugehen, was war das für ein Glück! Ich ging leicht umher, als hätte ich Flügel; die Welt wurde wieder zu einem Paradies.«[46]

Klein oder groß, die Blessuren sind die tägliche Pein des Gehenden. Eric Newby entdeckt bei seinem *Spaziergang im Hindukusch* bald, dass seine Füße voll Blut sind. Erst als er nach einem dreistündigen Marsch in der glühenden Sonne, bei dem er nichts spürte, anhält, bemerkt er es. Er versteht nicht, wie es dazu kommen konnte. »Die Stiefel waren nicht zu eng, sondern durchaus großzügig bemessen. Das Problem war eher, dass sie etwas spitz zuliefen – wobei nicht klar war, ob spitze Schuhe in Italien gerade Mode waren oder das Bergsteigen erleichtern sollten. Fest stand jedenfalls, dass spitze Stiefel für mich extrem schmerzhaft waren.«[47] Tapfer setzt Newby seinen Weg fort, wissend, dass seinen Füßen vor Ende der Reise keine Zeit bleiben würde, zu vernarben. Er und sein Wegbegleiter wollen unter keinen Umständen »zu diesem illustren Kreis von Leuten gehören, die vom Reisen immer nur sprachen«.[48] Doch das Leiden ist noch nicht vorüber, denn bald erkranken sie an einem fürchterlichen Durchfall, der sie regelmäßig dazu zwingt, sich unter den spöttischen Blicken ihrer Führer jeweils zu einer Seite des Weges fortzustehlen.

Tatsächlich reicht der Geist zum Gehen nicht aus, wenn er nicht von guten Schuhen und einer guten Verdauung unterstützt wird. Toepffer sagt uns mit seinem wie üblich gesunden Menschenverstand: »Für den Reisenden zu Fuß sind die Schuhe alles; Hut, Bluse, Ruhm und Tugend kommen erst danach.«[49] Victor Segalen stimmt zu Recht ein Loblied auf die Sandale als beste Präventivarznei gegen alle Fußprobleme an. »Die Sandale ist für die Fußsohlen und das ganze Körpergewicht, was der Wanderstab für die Handfläche und den Wiegeschritt der Lenden ist. Sie ist das einzige Schuhwerk für den Wanderer im freien Gelände. Sie ist die Kurzfassung des Schuhs: Zwischen dem Erdboden und dem schweren lebendigen Körper [...]; ihr ist es zu verdanken, dass der Fuß nicht schmerzt und doch feinfühlend das Gelände erlebt. Ihr ist es zu verdanken, dass der Fuß sich dehnen und ausweiten und schön seine Zehen strecken kann. Der große lässt sich einzeln bewegen, die anderen breiten sich fächerförmig aus.«[50]

Schlafen

Nach stundenlangem Gehen sind Mittagsschlaf oder Nachtruhe ein Segen. Die Müdigkeit wiegt schwer auf den Gliedern und fordert eine Unterbrechung des Marsches. Irgendwo am Wegesrand zu schlafen bedeutet, den Überraschungen der Nacht und der Morgendämmerung ausgesetzt zu sein, den vorbeiziehenden Tieren, dem Unwohlsein oder Entzücken beim Erwachen. Die Ruhestätten sind zahlreich: ein Feld, eine verlassene Hütte, eine Burgruine, eine Höhle, ein Keller, ein Strand, ein Stück abseits des Pfads oder aber ein Hotel, ein Unterschlupf, ein Lagerplatz usw. Der Gehende ist, wie jeder Reisende, auf der Suche nach Ruhe und Sicherheit. Laurie Lee beschreibt eindrucksvoll die erste Nacht seiner ungewohnten Freiheit fern des Schutzes der Familie. »So legte ich mich mitten auf einer Wiese nieder und blickte hinauf zu den strahlenden Sternen. Die samtene Leere der Welt und die Schwaden weichen Grases, auf denen ich lag, überwältigten mich. Schließlich schläferten mich die nächtlichen Nebel ein – in meiner ersten Nacht ohne Dach und ohne Bett.

Kurz nach Mitternacht weckte mich Regen, der mir ins Gesicht sprühte; der Himmel war schwarz und kein Stern mehr zu sehen. Zwei Kühe bliesen mir schnaufend ihren Atem ins Gesicht, und der Jammer dieses Augenblicks ist mir unvergessen. Ich kroch in einen Graben und lag wach bis zum Morgengrauen, völlig durchnässt auf fremdem Boden. Doch als am Morgen die Sonne aufging, schwand das Gefühl der Verlassenheit. Vögel sangen, und warmer Dunst stieg aus dem Gras.«[51]

Das Schlafen ist auch ein körperlicher Genuss, der durch ästhetische Betrachtung noch verstärkt wird. Die Schläfrigkeit inmitten einer Nacht ohne Dach ist auch eine großartige Einladung zur Philosophie, zum müßigen Nachdenken über den Sinn ihres Vorhandenseins. »Mir war, als wäre ich gerade darum hergekommen: beim Morgengrauen auf einem Berghang aufzuwachen und auf eine Welt hinauszuschauen, für die ich keine Worte hatte, ganz am Anfang beginnen, ohne Sprache und ohne Plan, an einem Ort, der noch keine Erinnerung für mich barg.«[52]

Die Erinnerung an Lagerfeuer und Nächte unter freiem Himmel überstrahlt mühelos die Erinnerung an die gemütlichsten Hotels. Leigh Fermor erlebt während seiner Durchquerung Mitteleuropas zu Fuß das Glück, abwechselnd die Nächte in Schlössern oder in Heuschobern, Feldern und auf Parkbänken zu verbringen. »Ich kann diesen Wechsel vom Stroh zum Himmelbett und wieder zurück zum Stroh durchaus empfehlen«, schreibt er. »In feine Leinenlaken gehüllt, umgeben vom wohligen Duft von Kaminfeuer und Bohnerwachs und Lavendel, blieb ich oft stundenlang wach, genoss all diese Annehmlichkeiten und stellte sie mit Freuden neben den mittlerweile wohlvertrauten Charme der Ställe und Scheunen und Heuschober.«[53] Doch im Laufe der Zeit wird Leigh Fermor von Gewissensbissen geplagt, als er feststellt, dass er sich von seinen anfangs romantischen Vorstellungen weit entfernt hat: »Ich hatte wie ein Landstreicher oder Pilger oder fahrender Scholar leben wollen, in Gräben und auf Heuschobern schlafen und nur mit meinesgleichen zusammen sein. Doch in letzter Zeit war ich nur noch von Schloss zu Schloss gezogen, hatte Tokajer aus kristallenen Pokalen getrunken, hatte in der Gesellschaft von Erzherzögen ellenlange Pfeifen geschmaucht, statt dass ich mir mit einem Landstreicherkollegen eine Zigarette teilte.«[54] Er verzichtet trotzdem nicht auf diese Annehmlichkeiten – ganz im Gegenteil –, lässt sich aber nirgendwo dauerhaft nieder.

Von meiner ersten Reise nach Florenz, vor langer Zeit, habe ich vor allem ein im Bau befindliches Gebäude in Erinnerung behalten, dessen Mauern ich erklommen hatte, und eine schlimme Nacht auf Beton, weil mein Budget mir keine bessere Herberge erlaubte. Überdies musste man auch noch früh aufstehen, aus Angst, in aller Herrgottsfrühe den Arbeitern zu begegnen, die sich wieder ans Werk machten. Die behelfsmäßigen Zufluchtsstätten, Unterkünfte und Verschläge sind oft voller Mäuse oder anderer kleiner Nagetiere, die diesen Ort zu ihrer festen Wohnstatt erwählt haben oder dort gelegentlich nach Futter suchen. Sie setzen den Reisenden einer unruhigen Schlaflosigkeit aus. Derjenige, der sich direkt auf dem Gras ausstreckt oder in einem Wäldchen in seinen Schlafsack schlüpft, ist kaum besser dran: Er vernimmt ein verdächtiges Rascheln im Gebüsch, das Geäst knackt in seiner Nähe und zumindest wenn er sich noch nicht daran gewöhnt hat, zuckt er bei mancher Gelegenheit zusammen, während er versucht, seiner Angst Einhalt zu gebieten. Ich habe einige Erfahrung, was das anbelangt. Im Allgemeinen hat man keine Ruhe, wenn die Mücken einen heimsuchen. Stevenson für seinen Teil schläft in einem eigens angefertigten Schlafsack: »Ich nenne es den ›Sack‹, aber das war eine schmeichelhafte Bezeichnung, denn es war nie und nimmer ein Sack; eine eine lange Rolle oder Wurst, grünes, wasserdichtes Segeltuch außen und blaues Schaffell innen. Als Packtasche war es geräumig, als Bett warm und trocken. Bewegungsspielraum für eine Person gab es reichlich und zur Not hätte es auch für zwei gelangt. Ich konnte mich darin bis zum Hals vergraben. (…) bei starkem Regen beabsichtigte ich, mir ein kleines Zelt oder Schutzdach aus meinem wasserdichten Mantel, drei Steinen und einem gebogenen Zweig zu bauen.«[55]

Bashō hat nicht immer so viel Glück. Er erwähnt vor allem eine besonders schreckliche Nacht, wenn auch der Abend herrlich mit dem Bad in einer heißen Quelle beginnt. »Zwar hatten wir uns regelrecht eingemietet, bekamen aber lediglich eine armselige, heruntergekommene Schlafstätte: auf dem kahlen Fußboden lagen nur dünne Binsenmatten ausgebreitet. Es gab keine Leuchte und wir mussten, bevor wir uns niederlegen konnten, unser Nachtlager beim Schein der offenen Feuerstelle einrichten.

Tief in der Nacht kam ein Gewitter auf mit Donner und Blitz, es goss in Strömen, so heftig, dass es durch die Decke troff. Zu allem Überfluss gab es auch noch Mücken und Moskitos, die uns zerstachen! Ich konnte kein Auge schließen! Mein altes, chronisches Leiden stellte sich wieder ein – die Schmerzen raubten mir fast die Besinnung!«[56]

Edward Abbey, gefangen in einem Canyon, in den er sich hineingewagt hatte, um dann von einem Gewitter und dem plötzlichen Einbrechen der Dunkelheit überrascht zu werden, ist gezwungen, unter einem Felsvorsprung in einer nicht sehr tiefen Höhle zu schlafen. Er entdeckt getrocknete Exkremente von Tieren, die ihm zuvorgekommen waren. Er macht ein Feuer und wartet vergeblich auf das Ende des Regens. »Ich streckte mich in der Höhle des Kojoten aus, machte aus meinem Arm ein Kopfkissen und litt, die ganze lange, lange Nacht lang, unter der Kälte, der Feuchtigkeit, der Erschöpfung, dem Hunger. Ich war sehr unglücklich. Ich hatte klaustrophobische Alpträume. Es war eine der besten Nächte meines Lebens.«[57]

Auf dem Berg Athos, eingenommen von der Heiligkeit und Würde des Ortes und auf wochenlange Erfahrung gestützt, äußert Jacques Lacarrière sein Entsetzen gegenüber jenen Zellen in den Klöstern, in denen er untergebracht ist, die von den anderen Zellen entfernt liegen. Er gewöhnt sich also an, den Herbergsvater um eine »ruhige Zelle ohne Dämonen« zu bitten, um sicherzugehen, dass er eine friedliche Nacht verbringen kann, befreit von den Störungen, die durch die Wildheit der Geister verursacht werden.[58]

Abhängig von den Umständen und der Jahreszeit wird das Erwachen durch Hundegebell sichergestellt, eine vorüberziehende Kuhherde oder Schafe, deren Hirte den Wanderer mit seinen Rufen nicht verschont, bis er ihn hinter der Wegbiegung entdeckt hat, oder eben durch die morgendliche Ankunft der Arbeiter auf der Baustelle.

An einem Tag ist es das regelmäßige Scheuern eines Pinsels auf dem Rumpf eines Fischerboots an einem griechischen Strand, das den ruhenden Wanderer aufweckt, der nicht ahnen konnte, dass der Besitzer seinem Kahn im Morgengrauen einen neuen Anstrich verpassen würde. An einem anderen Tag sind es die Hahnenschreie eines nahegelegenen Bauernhofs oder der Gesang eines Bauern, der alleine zu sein glaubt und ohne falsche Scham singt, um sich in Schwung zu bringen. Der Radau der Vögel, die sich in einem Haselnussstrauch jagen. Ein jähes Erwachen im Morgengrauen nahe irgendeiner Grenze, um sich mit misstrauischen Zollbeamten konfrontiert zu sehen, die glauben, einen ungeschickten Schmuggler erwischt zu haben. Da wäre noch das Lachen der Kinder, die mitten auf dem Feld einen Schlafenden entdecken, der den fortgeschrittenen Stand der Sonne nicht zu bemerken scheint. Bitterer ist das Erwachen durch vorbeifahrende Autos, den Lärm der Autoradios, die ihre Musik in die Landschaft schütten, den Krach eines Rasenmähers, das Kreischen der Motorsäge, wenn die Holzfäller im Wald ihre Arbeit wieder aufnehmen. Lieblicher und von Nostalgie durchdrungen ist der Glockenschlag, der zu späterer Stunde langsam das Ohr des noch dösenden Wanderers erreicht. Es gibt vom Tau durchtränktes Erwachen, eiskalte und glühend heiße Nächte, voll von Träumen, Mücken, Regen oder Angst vor unbestimmbaren Lauten, einer Stimme in der Nähe, die an verlassenen Orten beunruhigt, einem Gewehrschuss in der Ferne der Dunkelheit. Nächte ohne Mond und Monde ohne Nacht.

Stille

Das Gehen ist ein Durchqueren der Stille und ein Genuss des umgebenden Klangs, denn man begreift kaum den Geisteszustand, die gefährliche Unachtsamkeit desjenigen, der entlang der Leitplanken einer Autobahn oder selbst einer Landstraße wandelt. Der Gehende sucht das Weite nicht zuletzt, um dem Lärm der Autos und dem Dröhnen der Autoradios zu entkommen. Er hat ein offenes Ohr für die Natur. »In der Luft ist stets eine feine Musik zu hören, ähnlich einer Windharfe,« schreibt Thoreau. »Nun klingt sie wie ein Horn, das in entfernten Gewölben höherer Luftregionen erschallt.«[59] Die Töne dringen ins Innere der Stille, ohne deren Ordnung zu stören. Manchmal offenbaren sie sogar erst deren Vorhandensein und richten die Aufmerksamkeit auf die zunächst unbemerkt gebliebenen akustischen Eigenschaften eines Ortes. Die Stille ist eine Modalität des Sinns, ein Gefühl, von dem das Individuum ergriffen wird.[60] Auch wenn das Rauschen der Welt niemals verstummt und sich lediglich je nach Tageszeit, Tag oder Jahreszeit in verschiedenen Formen offenbart, vermitteln einige Orte nichtsdestoweniger das Gefühl einer Annäherung an die Stille: eine Quelle, die sich ihren Weg zwischen den Steinen bahnt, der Schrei einer Eule in tiefster Nacht, der Sprung eines Karpfens an die Oberfläche des Sees, das Schlagen der Kirchenglocken in der Abenddämmerung, das Knirschen des Schnees unter den Schritten, das Knacken eines Tannenzapfens in der Sonne verleihen der Stille Tiefe. Diese zarten Äußerungen betonen das Gefühl des Friedens, das von einem Ort ausgeht. Sie sind Schöpfungen der Stille, nicht ihr Makel, weil das Schauspiel der Welt in ihnen von keinem Parasiten, keinem Lärm überdeckt wird. »Es scheint«, sagt Bachelard, »dass unser Wesen, um die Stille richtig zu hören, etwas braucht, das schweigt.«[61]

Die Stille klingt wie die Signatur eines Ortes, eine fast greifbare Substanz, deren Anwesenheit den Ort heimsucht und sich ununterbrochen der Wahrnehmung aufdrängt. Albert Camus, der zwischen den Ruinen von Djémila umherwandert, bemerkt, »dass eine drückende Stille über allem lag – reglos wie das Gleichgewicht einer Waage. Einige Vogelschreie, der gedämpfte Ton der dreigelochten Flöte, das Getrippel von Ziegen – all diese Geräusche brachten mir die Stille und Trostlosigkeit des Ortes erst zu Bewusstsein.«[62] Es kann auch die bleierne Schwere sein, die aus dem Brennen der Sonne auf die Landschaft geboren wird: »Der dicke lautlose Staub«, schreibt Laurie Lee, »den eher Schauder der Hitze aufrührten als ein Lüftchen, das sich geregt hätte, kroch mir in die Sandalen und zwischen die Zehen, setzte sich wie Raureif an meine Lippen und Augenwimpern und fiel in die atemlosen Kelche der Mohnblüten am Weg, um sie mit einer kühlen weißen Fata Morgana von Schnee zu erfüllen. Rings um mich war Schweigen, tiefes und betäubtes Schweigen, bis auf das körnige Rascheln des Weizens.«[63] Es ist nicht das Verschwinden der Laute, das die Stille hervorruft, sondern die Art und Weise des Zuhörens, das leichte Pulsieren der Existenz, das den Raum belebt. »Wenn ich die Dörfer hinter mir lasse und mich den Wäldern nähere, halte ich zuweilen inne, um den Hunden der Stille zu lauschen, die den Mond anheulen, um zu hören, ob sie auf der Jagd sind. Wenn Diana nicht in der Nacht ist, was ist sie wert? Ich lausche der Göttin Diana. Die Stille erklingt, sie ist musisch, sie durchdringt mich. Eine Nacht, in der die Stille zu hören war. Ich höre das Unaussprechliche.«[64]

Im Gegensatz zur lärmenden Existenz des Städters äußert sich die Stille als eine Abwesenheit des Lärms, ein Horizont, der von der Technik noch verschont geblieben ist, eine brachliegende Zone, die von der Modernität noch nicht aufgesaugt wurde, oder andererseits ein Ort, den diese absichtlich als Reservat der Stille entworfen hat. Die Welt spielt ohne Unterlass technische Instrumente, deren Gebrauch unser persönliches und kollektives Leben begleitet. Die Modernität ist die Machtergreifung des Lärms, es gibt immer irgendwo ein Handy, das klingelt. Die einzige Stille, die unsere Gesellschaft kennt, ist die vorübergehende – die der Panne, des Ausfalls, der Übertragungsunterbrechung. Sie ist eher das Ausbleiben der Technizität als das Auftreten einer Innerlichkeit. Es reicht manchmal, dass ein durchgängiges Geräusch aufhört, dass der Motor der Wasserpumpe oder des Autos für einen Moment stillsteht, damit die Stille in Reichweite kommt, in einer empfindlichen Präsenz, die zugleich materiell und flüchtig ist.

In der Mittagshitze macht sich E. Abbey auf den Weg zur *Rainbow Bridge*, einem schwer zugänglichen Ort in einem Nationalpark in Utah. Erschöpft lässt er sich für einen Moment im Schatten eines Felsvorsprungs nieder und löscht seinen Durst mit seiner Feldflasche. Er hört die Stille des Canyons, die von keinem Windhauch gestört wird, keiner Regung eines Tieres, keinem Vogelschrei, nicht einmal dem regelmäßigen und erfrischenden Geräusch der Bäche, denen er lange gefolgt ist. »Allein in der Stille, verstehe ich plötzlich das Entsetzen, das viele angesichts der Wüste empfinden, die unbewusste Angst, die sie dazu bringt, das, was sie nicht verstehen können, zu domestizieren, zu verändern oder zu zerstören, das Wilde und Vormenschliche auf menschliche Dimensionen zu reduzieren – eher das, als dem Vormenschlichen direkt gegenüberzutreten, der anderen Welt, die nicht durch Gefahr oder Feindlichkeit ängstigt, sondern durch etwas noch Schlimmeres: ihre unerbittliche Gleichgültigkeit.«[65]

Unterwegs in Dolpo, offenbart sich Matthiessen und seinem Gefährten jäh die Stille, von der sie seit ihrer Ankunft in der Region umgeben sind. »›Weisst du, dass wir seit September keinen Motor mehr gehört haben?‹ fragt G. S. Er hat recht. Nicht einmal ein Flugzeug fliegt über diese Berge. Wir haben uns in ein anderes Jahrhundert verlaufen.«[66] Die Stille versetzt also in eine Erfahrung, die der Technik vorausgeht, in ein Universum ohne Motor, ohne Auto, ohne Flugzeug, ein bedrohter archäologischer Überrest einer anderen Zeit. Und der langsame Rückweg ist schwierig und bitter, weil er ein Vordringen zum Lärm nach Monaten des inneren Friedens ist. »Auf meinem Weg über die Hügel am Bheri erinnere ich mich, wie vorsichtig man nach der Zurückgezogenheit einer einwöchigen Zen-Übung sein muss, um nicht zu viel zu sprechen und sich nicht zu rasch zu bewegen (...). Es ist wichtig, langsam aus einer solchen Metamorphose hervorzukommen, wie ein Schmetterling, der zuerst still seine neuen Flügel in der Sonne trocknet, damit der luzide Geisteszustand nicht plötzlich zerbricht.«[67] Die Umwelt besteht nicht nur aus dem, was der Mensch sieht, sondern auch aus dem, was er hört. Ein Universum, in dem Stille herrscht, eröffnet eine besondere Dimension inmitten der Welt. Nach diesen Monaten vollkommener Ruhe, ohne Lärm (abgesehen von gelegentlichem nicht enden wollenden Hundegebell) ist es wichtig, nicht zu hasten, langsam dem Tal entgegenzugehen, sich ohne Eile von den Stunden tragen zu lassen. Wie ein Taucher in großen Tiefen bewegt sich der Reisende etappenweise vorwärts, um nicht mit voller Wucht vom Lärm des sozialen Lebens getroffen zu werden.

Das Streben nach Stille ist also die subtile Suche nach einem klanglich friedlichen Universum, die eine persönliche Besinnung hervorruft, die Loslösung von sich selbst in einer günstigen Atmosphäre. Der Gehende bewegt sich querfeldein, um diese Ausgeglichenheit und ein gehörtes, geteiltes Wort auszukosten. Die Stille ist eine Stimmungslage, deren alleiniger Todfeind der Lärm ist, sie stellt eine Modalität des Sinns dar, eine Interpretation des Einzelnen von dem, was er hört, und einen gewundenen Pfad zu sich selbst, um den Kontakt zur Welt wiederzufinden. Aber sie erfordert manchmal die Anstrengung, sie zu suchen, sie in einem absichtlichen Vorhaben aufzuspüren, jenseits der ausgetretenen Pfade und der Geräusche der Stadt.

Verbunden mit der Schönheit einer Landschaft ist die Stille ein Weg, der zu sich selbst führt. Momente, in denen die Zeit aufgehoben wird, in denen sich dem Menschen ein Weg offenbart, der ihm die Möglichkeit gewährt, seinen Platz einzunehmen und Frieden zu finden. Ein Vorrat an Sinn und innerer Kraft vor der Rückkehr zu dem Lärm der Welt und den Alltagssorgen. Die Andeutung von Stille, genossen in verschiedenen Momenten des Daseins, bei der Flucht aufs Land oder ins Kloster, in die Wüste oder in den Wald oder einfach in den Garten, den Park, erscheint als Einkehr, eine Zeit der Ruhe, bevor man sich im wörtlichen und bildlichen Sinne wieder dem Lärm des Eintauchens in die urbane Zivilisation aussetzt. Die Stille verschafft also ein durchdringendes Gefühl, zu existieren. Sie kennzeichnet einen Moment der Einfachheit, der es erlaubt, Bilanz zu ziehen, Vorbereitungen zu treffen, einen inneren Zusammenhalt zu finden, eine schwierige Entscheidung in Angriff zu nehmen.

Die Stille konzentriert den Menschen, macht ihn wieder verfügbar, räumt das Feld, auf dem er sich schlägt. Der aufmerksame Spaziergänger dringt langsam durch sein Zuhören in verschiedene Kreise ein, mit jedem Moment betritt er neue Klanguniversen, die die Dichte der Stille bevölkern. Er entdeckt einen neuen Sinn, nicht die Vertiefung des Gehörs, sondern einen mit der Wahrnehmung der Stille verknüpften Sinn. Wenn sein Gehör ausreichend sensibel ist, hört der Mensch das Gras wachsen, die Blätter in den Baumwipfeln sich entfalten, die Heidelbeeren reifen und langsam saftig werden. Er spürt wieder den zarten Puls der Zeit, der normalerweise vom Lärm und dem Drang, etwas zu tun, verdeckt wird. Die Stille ist von der Jahreszeit abhängig. In unseren Breitengraden ist sie im Januar auf einem schneebedeckten Feld nicht die Gleiche wie im August bei dem Summen der unzähligen Insekten, der Explosion der Blumen und dem von der Sonne verbrannten Gras. In ein und derselben Landschaft ist die Stille niemals an zwei Tagen dieselbe.

An manchen Orten ist der Einbruch eines fremden Geräuschs oder eines geschwätzigen Worts undenkbar, man betritt sie in der Furcht, ein fragiles Gleichgewicht zu zerstören, dass dem Eingreifen des Menschen nicht gewachsen ist. Nur das Nachsinnen ist ihnen angemessen. Ob im Wald, in der Wüste, in den Bergen oder am Meer, die Stille durchdringt die Welt manchmal so vollkommen, dass die anderen Sinneswahrnehmungen im Vergleich obsolet oder unnütz erscheinen. Das Wort vermag es nicht, die Kraft eines Augenblicks oder die Feierlichkeit eines Ortes auszudrücken. Kazantzakis geht mit einem Freund inmitten eines Waldes auf dem Berg

Athos den gepflasterten Weg, der nach Karyes führt. »Die Luft – so schien es uns – roch nach Weihrauch, als seien wir in eine riesige Kirche getreten, die Meer und Kastanienwälder und Berge einbezog und über der als Kuppel der Himmel schwebte. Ich wandte mich an meinen Freund:

›Warum reden wir nicht‹, sagte ich, um die Stille zu zerreißen, die mich zu bedrücken begann.

›Wir reden doch‹, antwortete mein Freund und berührte leise meine Schulter. ›Wir reden jedoch mit der Zunge der Engel, schweigend.‹

Und plötzlich, als sei er verärgert:

›Was möchtest du, dass wir reden? Dass es schön sei, dass unser Herz Flügel bekommen habe und wegfliegen möchte, dass wir einen Weg betreten haben, der zum Paradies führt? Worte, Worte, schweig!‹«[68]

Die geteilte Stille ist eine Erscheinung der Komplizenschaft, sie verlängert die Versenkung in der Ruhe des Raumes. Die Sprache führt die Trennung mit sich, die sie zu überwinden sucht, ohne dass es ihr jemals ganz gelänge. Die Andacht stößt mit dem Wort zusammen, welches sie durch die Aufmerksamkeit, die es fordert, zerstreut. Der Dialog ist also ein Entreißen der Landschaft, Untreue dem *genius loci* gegenüber, Erfüllung der sozialen Normen und konventionelle Weise, sich abzusichern oder aus seiner staunenden Isoliertheit auszubrechen, auf die Gefahr hin, den anderen zu stören.[69] Emotion lässt sich also mit stereotypen Mitteln ausdrücken, verflüchtigt sich aber im gleichen Zuge. Das Gefühl, mit dem Kosmos zu verschmelzen, sich von jeder Grenze zu lösen, kommt einer intimen Heiligkeit gleich, die mit der geringsten Plauderei in sich zusammenfällt. Man muss schweigen können, um das unendlich zerbrechliche Gefäß der Zeit nicht zu zerschmettern.

Gesang

Wenn sie sich allein oder sicher fühlen, singen viele Wanderer die klassischen Verse der Landstreicher oder Volkslieder, an die sie sich erinnern. Abbey, als er nach langer Anstrengung die ersehnte Gegend erreicht, schmettert die *Ode an die Freude*. Andere, wie Jean-Claude Bourlès und seine Gefährtin, rezitieren Gedichte und versuchen, sich gegenseitig in ihrer Gedächtnisleistung zu überbieten, um im Laufe ihrer Schritte die Rhythmen von Apollinaire oder René-Guy Cadou in sich wiederzufinden.[70] Ein Gedicht oder Lied glättet die Unebenheiten der Straße, es schafft ein stilles Einvernehmen mit dem durchschrittenen Raum. Das Singen ist eine soziale Geste, wenn es sich an andere Menschen oder an die Landschaft richtet, an die Bäume, die Kühe, es preist das Verbundensein, die Freude daran, sich da zu befinden, wo man ist. Früher, wenn Pilger auf den Wegen nach Santiago de Compostela oder Rom unterwegs waren, allein oder in Gruppen, stimmten sie Balladen ihrer Region oder geistliche Gesänge an, um sich seelisch zu stärken und die Traurigkeit über die Entfernung von der Heimat zu vertreiben. Der Gesang ist ein Weggefährte, der hilft, die innere Balance zu halten. Der Reisende macht sich von Konventionen frei, abseits der neugierigen Blicke, allein oder mit Freunden, er lässt seiner Fantasie freien Lauf, ohne Furcht, das Gesicht zu verlieren oder sich seinen Ruf zu verderben. Er ist ein Unbekannter, ein Mensch auf der Durchreise, befreit von der Last des Sesshaften, immer ein achtbares Bild abzugeben.

Das Gehen appelliert an die Fantasie, die Freiheit des Tonfalls, zumindest, wenn man allein ist. Denn der unaufmerksame Wanderer, der umherspringt und aus voller Kehle anzügliche Lieder schmettert, läuft selbstverständlich Gefahr, anderen Einzelgängern oder einem Bauern, der geruhsam den Heimweg antritt, zu begegnen und sich ein wenig albern zu fühlen. Stevenson erzählt von einem Wandergesellen, der »verhaftet wurde, weil er aus einer Irrenanstalt entlaufen sein sollte, denn, obwohl er ein rotbärtiger Erwachsener war, hüpfte er wie ein Kind. Und Sie wären erstaunt, würde ich Ihnen von all den Weisen und Gelehrten erzählen, die mir berichteten, dass sie auf Fußwanderungen sängen – und zwar recht falsch –, und die ein paar rote Ohren bekamen, sobald sie, wie oben beschrieben, hinter einer Biegung plötzlich dem unglücklichen Bauern in die Arme gelaufen waren.«[71] Der junge Rousseau, der das Gehen liebte, erwähnt in den *Bekenntnissen* einen Moment der Hochstimmung nach einer herrlichen Nacht unter freiem Himmel, in der er von einer Nachtigall in den Schlaf gesungen wurde. Vom Hunger gequält geht er in Richtung Stadt, trotz seiner spärlichen Mittel von einem üppigen Mittagessen träumend. Da er glaubt, allein zu sein, stimmt er eine Kantate von Batistin an. »Während ich im besten Wandern und Singen bin, höre ich jemand hinter mir, ich drehe mich um und sehe einen Antoniter, der mir folgte und mir mit Vergnügen zuzuhören schien. Er tritt an mich heran, grüßt mich und fragt, ob ich musikalisch sei. Ich antwortete: ›Ein wenig!‹, um anzudeuten: ›Sehr!‹«[72] So kommt es, dass Rousseau für einige Tage eine Anstellung erhält, um Noten abzuschreiben. P. Leigh Fermors Reise durch Mitteleuropa ist durchzogen von Gesängen, seien es die der Nazis in deutschen Nachtlokalen oder die volkstümlichen Rhythmen Ungarns oder Rumäniens. Sein Text erweckt den Eindruck, dass die Menschen ununterbrochen singen, dass die Gesangskultur sich mitten im Alltagsleben der Menschen dieser Zeit befindet. Für manchen Wanderer ist der Gesang das akustische Äquivalent zum Wanderstock, Ansporn zum Weitergehen und ein Zeichen der Vertrautheit und des Lobpreises für den Geist der Orte.

Lange unbewegte Märsche

Ein Marsch kann endlos sein, ohne ein anderes Ziel als die Zeit. Ein Blinder geht unermüdlich einen Rundweg, den er frei von Hindernissen weiß. Er verfolgt die Absicht, seine Beine nicht zu vernachlässigen, sich an die Welt zu erinnern, an die Gerüche, das Pfeifen des Windes, ohne sich jedoch aus dem Gewohnten herauszuwagen. Endloses Gehen um nirgendwo anzukommen, nur um den Fluss der Zeit und das langsame Vorrücken zum Tod abzuwenden, der letztendlich das Ende jeden Marsches ist. Durch seinen von Gräsern überwucherten Garten schlängelt sich langsam ein Pfad, den man von Tausenden Wanderern beschritten glauben könnte, so ausgetreten ist seine Spur. Andernorts durchstreifen Gefangene endlos ihre Zelle, sich komplizierten Berechnungen hingebend. Sie haben die Länge ihrer Schritte gemessen und zeichnen eine Karten ihres realen Vorankommens in ihrer Vorstellung. Heute sind sie sechs Stunden gegangen und haben um die dreißig Kilometer zurückgelegt. Sie sind zum Beispiel von Mans nach Loué gelaufen, von Tours nach Saumur entlang der Loire oder von Florenz zu den Hügeln von Fiesole. Wie lange würden sie brauchen, um die Welt zu umrunden, ohne ihre Zelle zu verlassen? Mit Sicherheit einige Jahre. Danach müsste man noch einmal andersherum gehen, um die Route zu variieren, noch einmal die Wüsten überwinden, die Gebirgspässe erklimmen, die Meere umrunden, die Wälder durchqueren, ohne sich zu verirren, sich an die Jahreszeiten erinnernd, um es nicht zu verpassen, vor Kälte zu zittern, wenn der Schnee in den Bergen fällt, oder sich mit einem Bad zur schönen Jahreszeit an einem Atlantikstrand zu erquicken.

Xavier de Maistre, junger Offizier der piemontesischen Armee, duelliert sich wider der Anordnung seiner Vorgesetzten. Er wird mit vierzig Tagen Zimmerarrest bestraft. Er beginnt also eine winzige Reise, die jedoch von langer Dauer ist, durch sein Gefängnis, das zu einem Terrain der Erkundung und der Mediation wird. Geschützt vor der Eifersucht anderer Männer und den Sorgen der Straße beschreibt er gleich zu Beginn seines Berichts die Freude an der Strecke und den Ansporn, den er erlebte, als er zur Feder griff. Die Vorzüge sind zahlreich. Dies ist ein Marsch, der sogar für Kranke geeignet ist, denn ihr Bett ist nie weit entfernt, und sie müssen nicht fürchten, sich zu verkühlen; oder auch für die Armen, den sie hätten kaum Ausgaben; und selbst für die Faulen, denn nichts hinderte sie daran, sich auszuruhen. Wenn der Raum auch begrenzt erscheinen mag, so bietet die Wanderung doch viel Abwechslung. Das Zimmer bildet ein »Rechteck, das ganz nah an der Wand sechsunddreißig Schritt im Umfang hat. Meine Reise wird derer jedoch mehr enthalten; denn ich werde in ihm oft ohne Plan und ohne Ziel hin und her und diagonal wandern. – Ich werde sogar im Zickzack gehen, und, wenn es erforderlich ist, in allen möglichen geometrischen Linien laufen.«[73] Wider Erwarten bleiben Unfälle unterwegs nicht aus, als der Unglückliche vom Stuhl fällt und sich verletzt. Letztendlich fehlt ihm die Zeit, den Weg ganz zu Ende zu gehen. Tatsächlich wird seine Strafe aufgehoben. Xavier de Maistre ist froh über seine Erfahrung, er hat seinen Gefängniswächtern ein schönes Schnippchen geschlagen. »Sie haben mir untersagt durch eine Stadt, einen geographischen Punkt, zu laufen; aber sie haben mir das ganze Universum überlassen: die Unermesslichkeit und die Ewigkeit stehen zu meinen Diensten.«[74] Die Summe der gesammelten Erfahrungen ist unerschöpflich. »Cooks Fahrten und die Untersuchungen seiner Reisegefährten, der Doktoren Banks und Solander, sind nichts gegen meine Abenteuer in diesem einzigen Distrikt.«[75] Er schlägt dem Leser vor, seinem Beispiel zu folgen, und ist überzeugt, eine neue Art die Welt zu bereisen entdeckt zu haben. So ist das Gehen kein Sklave einer ausgedehnten Geografie, es gelingt ihm, sich mit wenig zufriedenzugeben, da vor allem die Eigenschaften des Blicks zählen. Zumindest kann der Gehende, der gezwungen ist, zu Hause zu bleiben, sich der Versuchung hingeben und sich bezaubert von etwas zeigen, was er zunächst für ein Stillstehen gehalten hat und was nur eine List der Realität war, die ihm keine andere Wahl lässt, als ihr in den Rücken zu fallen, um ihr im Geist das Land durchstreifend zu entkommen.

Öffnung zur Welt

Das Gehen zeigt ein schönes Bild der Existenz, immer im Unfertigen, weil es unaufhörlich sein Spiel mit dem Ungleichgewicht treibt. Um nicht zu fallen, muss der Gehende in einem regelmäßigen Rhythmus Bewegungen aneinanderknüpfen, von denen jede der vorhergehenden entgegengesetzt ist. Von einem Schritt zum nächsten hält er sich stets auf dem schmalen Grat, der ihn vom Fall trennt. Kurz gesagt, man geht nur gut, wenn man seine Schritte einen nach dem anderen aneinanderfügt, in dem Wissen, dass jede Hast oder jede Verlangsamung zum Bruch führt. Das Gehen ist eine Öffnung zur Welt, die zur Demut und dem begierigen Ergreifen des Augenblicks auffordert. Seine Ethik des Flanierens und der Neugier macht es zum idealen Werkzeug der individuellen Entwicklung, dem Erlernen des Seins durch den Körper und all seiner Sinne. In einer Diskussion über Rassismus mit James Baldwin beklagt Margaret Mead humorvoll die Erfindung der Schiffe oder Automobile. Wenn die Menschen keine anderen Fortbewegungsmittel als ihre Beine hätten, wären sie im Verlauf ihres Daseins nicht so weit gegangen. Die Verletzlichkeit des Gehenden ist eher ein Ansporn zu Umsicht und Offenheit gegenüber den anderen als zu Eroberung und Verachtung. Eines ist sicher: Der Mensch, der zu Fuß geht, hat selten die Arroganz des Autofahrers oder desjenigen, der in einen Zug oder ein Flugzeug steigt, denn er bleibt immer auf Höhe des Menschen, er spürt mit jedem Schritt die Unebenheit der Welt und die Notwendigkeit, denjenigen, die seinen Weg kreuzen, freundschaftlich zu begegnen.

Die Erfahrung des Gehens führt den Blick weg von sich selbst und hin zur Welt, sie zeigt dem Menschen seine Grenzen auf, die ihm seine Zerbrechlichkeit und seine Kraft vergegenwärtigen. Das Gehen ist die anthropologische Betätigung schlechthin, weil sie im Menschen permanent das Bestreben nährt, zu verstehen, seinen Platz im Gefüge der Welt einzunehmen, sich zu fragen, worauf die Verbindung zu den anderen sich gründet. Der Gehende ist oft über die Orte, die er bereist, informiert; er beobachtet wie ein Amateur-Ethnologe Unterschiede der Gartenkunst, der Fenster, der Architektur der Häuser, der Küche, der Gastfreundlichkeit der Einheimischen, der Sprachmelodie oder der Hundeführung von einer Region zur anderen. Er arbeitet sich in der Vegetation vor wie in einem Wald voller Indizien, auf der Suche nach Zeichen, die auf das Vorkommen von Tieren, Pflanzen, Bäumen hinweisen. Julien Gracq braucht eine genaue Kenntnis des Waldes, um die Bedeutung eines in seiner Nähe hinabfallenden Tannenzapfens zu verstehen. »Nur wenige Spaziergänger hätten dem Beachtung geschenkt, aber zehn Jahre der Vertrautheit mit Kiefernwäldern haben meine Ohren geschärft: Ein im Saft stehender Kiefernzapfen fällt nicht von allein, ein trockener Kiefernzapfen schlägt nicht so schwer auf.«[76] Ein Kratzer auf der Unterseite bestärkt ihn in seiner Überlegung; als er geduldig Ausschau hält, entdeckt er das Ende eines Schwanzes oder ein Stück der Schnauze eines halb verborgenen Eichhörnchens. Das Gehen ist eine endlose Bibliothek, die jedes Mal auf den Roman der gewöhnlichen Dinge am Wegesrand verweist und mit der Erinnerung der Orte konfrontiert, mit kollektivem Gedenken, gestiftet durch Schilder, Ruinen oder Monumente. Das Gehen ist ein Durchqueren von Landschaften und Worten.

In einigen pädagogischen Konzepten wurden lange die Tugenden des Gehens in die Persönlichkeitsentwicklung eingebunden, so in manchen Jugendbewegungen des 20. Jahrhunderts (Pfadfinder, Wandervögel usw.). Das ist übrigens das Motiv der *Tour de la France par deux enfants*, unverwüstlicher Weggefährte von Millionen Schülern vor dem Ersten Weltkrieg. Die Verfasserin G. Bruno erklärt in ihrem kurzen Vorwort, dass sie mit der Beschreibung der Reise dieser beiden kleinen Lothringer beabsichtigt, den Schülern einen Zugang zum praktischen Leben zu schaffen, eine Anleitung zur Bürgerschaft, eine Einführung in Industrie, Handel und Landwirtschaft sowie Kenntnis vom Leben der »großen Leute«. Beim Gehen geht es darum, ein guter Bürger zu werden, ein guter Patriot, dass sich die Schüler in ihren Hemden mit diesen beiden Landstreichern identifizieren, die in den Wirrungen des Krieges auf die Straße geschickt wurden, und vor allem darum, nicht das Los von Elsass und Lothringen zu vergessen, die 1870 von Preußen annektiert wurden.[77]

Die Wandergesellen des 19. Jahrhunderts durchqueren Frankreich zu Fuß, mit einem Stock über der Schulter, an dem ein Bündel befestigt ist. Der Wandernde weiß, dass er für einige Tage oder einige Monate in von den Zünften ausgewählten Herbergen Kost und Logis erhalten kann. Die Herbergsmutter wacht über den Lehrling, während er seine Kenntnisse der örtlichen Techniken vertieft, die ihm später erlauben werden, ein Meister in seinem Beruf zu werden. Die Wanderschaft dauert zwischen fünf und zehn Jahren, der Lehrling bleibt in der Regel sechs Monate in einer Stadt, bevor er sein Bündel und seine Wanderung wieder aufnimmt. Manche überqueren Grenzen und wagen sich in andere europäische Länder. Es geht nicht ausschließlich darum, die Ausübung des Berufes zu erlernen. Die Wanderschaft zielt auch darauf ab, den Menschen zu formen, ihn an die Komplexität und Vielfalt der Regionen heranzuführen, indem er durch seinen Körper selbst von der Sinnlichkeit und dem Sinn der Welt erfährt. Als langer Übergangsritus bringt die Wanderschaft einen neuen Menschen hervor; seiner ehemaligen Jugendlichkeit entledigt, ist er bei seiner Rückkehr in der Lage, sein Geschäft zu eröffnen und eine Familie zu gründen.

Durch den herbeigeführten Bruch mit den gebräuchlichsten Transportmitteln, durch diese erforderliche Abweichung vom Weg ist das Gehen nicht nur ein sich selbst und andere betreffender Erkenntnisprozess, es kann auch Sorgen mildern, es ruft eine diffuse Aufregung hervor, die von der Erschöpfung im Laufe des Weges noch verstärkt wird. Manchmal ähnelt es sogar einer Trance, wie bei einem Zen-Bogenschützen, der umso geschickter wird, je mehr er das Ziel nicht mehr als außerhalb seiner selbst wahrnimmt, sondern sich mit ihm identifiziert. Indem es die Sinne ihrer gewöhnlichen Aufgaben entbindet, macht das Gehen empfänglich für die Metamorphose des Blicks, mit dem man die Welt betrachtet. Es ist der bevorzugte Moment, um das Denken auszuüben. Vergessen wir nicht das ruhige Umherwandern Sokrates' mit seinen Schülern, dessen Lehren oft das Gehen und die zufällige Begegnung mit Gesprächspartnern enthalten, wobei sich die Gedankengänge im Rhythmus der Schritte entwickeln. Die Pädagogik beruft sich aufs Gehen, auch die Philosophie ist peripatetisch. Eine Welt nach den Maßstäben des menschlichen Körpers ist eine Welt, in der sich der Triumph des Denkens in der Transparenz der Zeit und der Schritte abspielt.

Zahlreiche Philosophen und Schriftsteller bekennen sich zu außergewöhnlichen oder regelmäßigen Märschen, bei denen sie sich dem Strom ihrer Gedanken hingegeben haben. »Im Wandern liegt etwas die Gedanken befeuerndes und Belebendes«, schreibt Rousseau, »ich kann kaum denken, wenn ich mich nicht vom Platze rühre; mein Körper muss in Bewegung sein, wenn es mein Geist sein soll. Der Anblick des freien Feldes, der Wechsel angenehmer Aussichten, die frische Luft, der gute Appetit, das Wohlbefinden, das sich beim Wandern einstellt, die Ungebundenheit des Gasthauslebens, die Entfernung von allem, was mich meine Abhängigkeit fühlen lässt, von allem, was mich an meine Lage erinnert – all das befreit meine Seele, gibt mir eine größere Kühnheit der Gedanken, schleudert mich gewissermaßen hinein in die unendliche Mannigfaltigkeit der Wesen, mit der Kraft, sie zu verbinden, sie auszuwählen, sie mir nach Gefallen, ohne Scheu und Furcht anzueignen.«[78] Kierkegaard schreibt 1847 an Jette: »Ich habe mir meine besten Gedanken angelaufen, und ich kenne keinen Gedanken, der so schwer wäre, dass man ihn nicht beim Gehen loswürde.«[79] In einem Aphorismus aus der *fröhlichen Wissenschaft* behauptet Nietzsche: »Ich schreib nicht mit der Hand allein: / Der Fuß will stets mit Schreiber sein. / Fest, frei und tapfer läuft er mir / Bald durch das Feld, bald durchs Papier.«[80] Über *Zarathustra* notiert er: »Vollkommener Zustand eines ›Inspirirten‹, Alles unterwegs, auf starken Märschen concipirt: absolute Gewißheit, als ob jeder Satz Einem zugerufen wäre. Gleichzeitig mit dem Gefühl größter körperlicher Elasticität und Fülle (…).«[81]

Namen

Der zu Fuß Reisende ist auf der Suche nach Namen, dem des nächsten Dorfes, Ortsbezeichnungen, Meilensteine der Bedeutung, die die Strecke menschlich machen und den Gehenden aus der Welt des Chaos herausführen, in der er eben noch schwelgte. »Ich frage dich, wie heißt dieser Abstieg? Der kleine Hirte ist aus der Fassung gebracht und weiß offensichtlich nicht, was er sagen soll. Er schlägt die Augen nieder, errötet bis zu den Ohren und reibt seine Knie. Letztendlich antwortet er mit dünner Stimme: Er hat keinen Namen.«[82] Tatsächlich muss man manchmal seinen Ehrgeiz drosseln, nicht jeder Flecken der Welt ist benannt, es gibt noch unbekannte Hecken und namenlose Felder, Ebenen und Täler, die zu taufen niemandem je in den Sinn gekommen wäre. Außerdem ist es das Schicksal eines jeden Menschen, nur eine Handvoll Namen aus ihrer unendlichen Zahl zu kennen, man muss sich also an die richtige Person wenden, diejenige, die genau das kennt, wonach man sucht. Wie heißt dieser Weiler, der Bach dort drüben, der Fluss, der Wald, und wie heißen die Bewohner dieses Dorfes? Es gilt, sich zwischen all diesen rätselhaften Orten zu orientieren, sich in den Farbtupfern oder Linien auf der Karte oder in der Landschaft wiederzufinden, anhand des Maßstabs die bereits zurückgelegte und die noch zu bewältigende Strecke zu berechnen, die aufzubringende Anstrengung abzuschätzen.

Die Welt zu verstehen heißt, ihr eine Bedeutung zu verleihen, sie also zu benennen. Man sieht, warum der Gehende an diesem Punkt auf der Suche nach Namen ist, er, der in einer Dimension seiner Existenz wandelt, in der nichts mehr einen festen Platz hat und die Orte, die er durchquert, ihm unbekannt sind, als wären sie in seinen Augen noch unvollendet.

Der Name ist eine Erschaffung des Raumes, die persönliche Erfindung einer Geografie oder ihre Wiederaneignung nach dem Maßstab des Körpers. Der Gehende ist nicht so geistesabwesend, dass er den Namen der Gegend oder der Region, in der er sich aufhält, erfragen müsste, er erkundigt sich vielmehr nach winzig kleinen Orten, die sein Vorankommen kennzeichnen oder ihm einfach in den Blick geraten sind. Später erweckt ihre Erwähnung eine Vielzahl an Erinnerungen. »Lăpuşnic! Endlich habe ich den vergessenen

Namen wiedergefunden, hastig mit Bleistift auf eine der hinteren Seiten meines Tagebuchs gekritzelt; und da ist er, ein winziger, verblasster Schriftzug inmitten von einem Tausendfüßlernest aus Konturlinien und Schraffuren, noch unleserlicher durch einen der Falze meiner zerfledderten Landkarte von Transsilvanien aus dem Jahr 1902.«[83] Der erste Bericht dieser wunderbaren Reise durch das Mitteleuropa vor dem Krieg ist mit 1977 datiert. Einige Jahre bevor er den ersten Band seines Werks fertigstellt, findet P. Leigh Fermor durch Zufall in Rumänien eines seiner Hefte in einem moldauischen Schloss wieder, wo er es 1939 vergessen hatte. »Die letzten Seiten des Buches enthalten eine nützliche Aufstellung meiner Übernachtungsorte; es gibt rudimentäre Vokabellisten auf Ungarisch, Bulgarisch, Rumänisch, Türkisch und Neugriechisch und eine umfangreiche Sammlung von Namen und Adressen. Bei der Lektüre erinnere ich mich plötzlich an Gesichter, die ich im Laufe der Jahre vollkommen vergessen hatte: ein Winzer am Ufer der Theiß, ein Gastwirt im Banat, ein Student in Berkovitza, ein Mädchen in Saloniki ...«[84]

Pierre Sansot, unverbesserlicher Wanderer durch Frankreich, ist hocherfreut, alles an Ort und Stelle vorzufinden; die Wirklichkeit im Hinblick auf seine Erwartungen kaum verschoben, beschreibt er uns das Wiedersehen mit den Namen und Vorstellungen, von denen die Dinge umgeben sind. »Im Allgemeinen – und diese Feststellung mag in einer Zeit verwundern, in der man das Abschweifen, den Transfer, den Schwund und das unerwartete Erscheinen lobt – gebe ich zu, dass ich glücklich darüber war, dass die Orte sich an ihrem vorgesehenen Platz befanden. Es versicherte mir, dass Frankreich ein gut befestigtes Land ist. Ich erkannte mit großer Freude, dass das Elsass, die Bretagne und das Périgord einmal für alle Winde von Ost oder West, für den Ozean und die Landmasse entschieden hatten, dass sie in ihren Besonderheiten nicht austauschbar waren, dass sich mein Blick und meine Beine jedes Mal auf das einstellen mussten, was von ihnen verlangt wurde.«[85]

Die Komödie der Welt

Durch die Begegnungen unterwegs ist das Gehen eine Einladung zur Ersten Philosophie. Ununterbrochen wird der Reisende dazu aufgefordert, eine Reihe fundamentaler Fragen zu beantworten, die das menschliche Wesen umtreiben: Woher kommt er? Wohin geht er? Wer ist er? Diese ewigen Fragen der Reisenden stellt sich der Sesshafte kaum. Natürlich wird die metaphysische Dimension dieser Fragen zugunsten von Antworten, die sich auf eher triviale Weise mit Orten oder sozialen Funktionen befassen, meist außer Acht gelassen. Wenn das normale Leben bei den grundlegenden Fragen oft in Vergessenheit gerät, abgesehen von der Konfrontation mit Mangel, Krankheit und Tod, gilt das nicht gleichermaßen für das Gehen, bei dem man in jedem Augenblick minimalen Fragestellungen ausgesetzt ist. Heute sind die Landschaft, das Klima, die Form der Häuser, der Empfang durch die Einheimischen anders als gestern, so kommt es einem zupass, diese kleinen und stillen Mysterien zu benennen, die einen Moment lang den Geist beschäftigen, dem aktuellen Gesprächspartner davon zu berichten, mit letztendlich heiterer Sorge die Bedeutung dieser Unterschiede zu erforschen, da es den Blick zum Stillstand kommen lässt und dazu verleitet, sich selbst zu den Turbulenzen der Welt zu befragen.

Durch das einzigartige Wesen seiner eigenen Kontakte ist der Gehende ein Mensch, der an den kleinen Nichtigkeiten des Lebens teilhat, die des Lebens Würze sind: gesundheitliche Probleme, körperliche Erschöpfung, das Feld, das nicht genug hergibt, der Winter, der länger und kälter als gewöhnlich ist, oder die anhaltende Hitze im Herbst, die Ungleichmäßigkeit des Regens, die Ankunft von Fremden im Dorf, die besondere Form eines Baums, Rauch, der aus einem Kamin aufsteigt und die Bemerkungen zur legendären Kälteempfindlichkeit der Nachbarn zur Folge hat, eine unerwartete Ernte, der Mangel an Äpfeln in diesem Jahr, die überfälligen Mirabellen, ein verspäteter Frost im Mai. Ein Baum, von dessen einem Ast eines Tages ein Toter hing oder ein Kind herunterfiel, oder eine Baumgruppe, die die Anwesenheit eines aufmerksamen kleinen Strolchs verbarg, der das heimliche Liebesspiel eines Mannes und einer Frau aus dem Dorf beobachtete, ein Feld, das im Verdacht steht, einen Schatz zu bergen, ein aufgestellter Stein, den hundert Männer nicht einen Millimeter hätten bewegen können. Ein gefühlvolles Wort, immer auf der Suche nach neuen Zuhörern, niemals der Rede müde, offenbart auf seine Art die kollektive Erinnerung.

Jeder Raum, jeder Gegenstand verbirgt seine fröhlichen oder dramatischen Geschichten, deren Darstellung mit dem Erzähler variiert. Es gibt überall einen Nachbarschaftshistoriker, der sich über das ihm wohlgesinnte Schicksal freut, das nichtsahnende Reisende in seine Hörweite führt und denen er zum zigsten Mal dieselbe Anekdote erzählen kann, die schon seit Ewigkeiten Anlass zum Klatsch gibt. Die Einheimischen leben oft in einer langen Geschichte, die der chronologischen Ordnung trotzt und gestern und heute in derselben Ewigkeit der Gegenwart vermischt. Vertrauliche Berichte eines Anwohners über einen, der von sonst woher ins Dorf zurückgekommen ist, oder einen anderen, der schon seit seiner Kindheit behauptet, er würde bald nach Madagaskar oder Manitoba gehen, den man, von den Jahren gebeugt, auf der Schwelle seiner Heimstatt stehen sieht. Über einen verlassenen Hof erfährt man, dass ihn eine einst glückliche Familie bewohnte, bis der Ehemann von der fixen Idee besessen wurde, reich zu werden, indem er am Wasserlauf in seinem Garten nach Gold schürfte. Der Mann, bis dahin mustergültiger Ehemann und Vater, legte sein Werkzeug schlussendlich nicht mehr aus der Hand, als ob man dem Gold nur lange genug schweigsam und hartnäckig auflauern müsste. Die Frau versuchte ihr Glück in den Armen eines unverheirateten Nachbarn, die Kinder ihrerseits zogen fort und ließen ihren Vater in seiner Obsession zurück, die er allein noch jahrelang fortsetzte. Laut den Gerüchten, die im Dorf umgehen, starb er mit den Worten »Ich bin reicher als ihr alle zusammen«. Doch seitdem wollte niemand mehr das Haus der Witwe kaufen, schließt der Erzähler. Als ob der Geist des Goldsuchers noch immer darin wohnen und man eine unschöne Begegnung fürchten würde. Zumindest verdächtigt man das Haus, seinen Bewohnern Unglück zu bringen. Berichte von Schwächen, gegenseitigen Eifersüchteleien, von Missgeschicken des einen oder anderen – eine winzige Geschichtsstunde im Schatten einer Baumgruppe oder die Kappe auf dem Kopf, die Tasche nachlässig auf dem Boden abgestellt – so gar nicht schulmeisterlich –, manchmal mit einer erzählerischen Fantasie vorgetragen, die durch die Bescheidenheit ihres Gegenstands nicht getrübt wird.

Julio Llamazares bereist einige Tage lang den Fluss seiner Kindheit, den Curueño, mitten in den Bergen Leóns, er folgt seinem Lauf etwa vierzig Kilometer lang zu Fuß, er schläft, wie es ihm gerade passt, ohne die Ruhepausen zu messen. Dieses winzige Stück Spaniens, an den Ufern eines Flusses gelegen, ist ein Kondensat der menschlichen Komödie. Unzählige außergewöhnliche Menschen erwarten den Reisenden auf der Strecke, und ebenso viele Male taucht er in Erinnerungen ein, persönlich und kollektiv zugleich. Manchmal erkennt er sogar Personen aus seiner Kindheit wieder, die Reise ist ein Weg der Worte, eine Reihe von ausgetauschten Vertraulichkeiten und Bruchstücken von Lebensgeschichten, mit kargen Mahlzeiten, guten Weinen, Nächten in Scheunen oder auf Feldern und sogar einer unerwarteten Liebesnacht in einem Kurhaus, wo zwei kecke Bedienstete den ihnen durchaus zugeneigten Reisenden verführen. Ein Lauf ist ein Durchqueren der Welt. Es scheint, dass jede Person, die man trifft, sich zu öffnen verpflichtet fühlt. Ein Mann, ehemaliger Republikaner, erzählt ihm, dass seine Eltern ihn etwa zehn Jahre in einer Grube, die sie in einer Ecke des Stalls ausgehoben hatten, versteckt hielten, um ihn nach dem Sieg Francos vor den Polizisten zu verbergen. Einmal wäre er fast zu Tode gekommen, weil ein Nachbar zu ausgiebig seinen Garten bewässerte. Ein anderer rief regelmäßig die Polizei, weil er abends manchmal Geräusche hörte, aber die Durchsuchungen führten zu nichts. Eines Tages jedoch, vom Rheuma ausgelaugt und seines Maulwurfdaseins überdrüssig, resigniert er, verlässt seinen Stall und lässt sich festnehmen, um seiner Qual ein Ende zu bereiten. J. Llamazares trifft ihn auf der Schwelle seines Hauses sitzend, von Arthrose gekrümmt. Nun ist es der ehemalige Nachbar und Denunziant, der sich aus Angst vor Vergeltungsschlägen nicht mehr aus dem Haus wagt. Da wären noch die Ordensschwestern eines ehrwürdigen Priesters, mittlerweile über die Dorfkirche hinaus berüchtigt, die dem Reisenden von ihren hagiografischen Absichten berichten, bevor sie ihm mit großem Ernst einen wenige Monate alten Jungen präsentieren, den kleinen Neffen des großen Mannes. Etwas weiter, in einem Café, unterhält er sich mit einer älteren Frau, die sich weigert, misstrauisch gegenüber diesem Unbekannten, der sich Notizen macht und sie zu ihrer Rente befragt, ihren Namen zu nennen, und so die Konservierung für die Nachwelt um Haaresbreite verfehlt. Es endet damit, dass sie ihm einen Namen vorschlägt, der offensichtlich in jenem Augenblick mit Beihilfe ihrer amüsierten Gefährtinnen erfunden wurde. Ein wenig freundlich gesinnter Pfarrer, Lokalgelehrter, der seit Jahren an einer Geschichte der Region schreibt, bittet den Reisenden nicht einmal, sich zu setzen, und ist sofort beunruhigt, als ihm dieser Fragen zur Geschichte des Dorfes stellt, weil er Konkurrenz fürchtet. Irritiert verabschiedet sich J. Llamazares und versichert ihm, er werde es nicht versäumen, sein Buch bei Erscheinen zu kaufen.[86] Ein fahrender Händler erklärt Carmelo Cela, dass er eigentlich der Nachfolger des peruanischen Vizekönigs sei, durch subtile Machenschaften seiner Reichtümer beraubt; doch zum Glück besäße er noch in Rom, denn er vertraut niemandem außer dem Papst, versteht sich, das besagte Testament, das ihn als alleinigen Erben seiner Ahnen einsetzt. Als Romanautor, der um ein Thema verlegen ist, muss man also nur seinen Rucksack aufsetzen, in aller Ruhe seines Weges gehen und die Geschichten auffangen, die nicht lange auf sich warten lassen werden.

Das Elementare

Die Beziehung zur Landschaft ist immer eher eine Affektivität gegenüber der Schöpfung als eine Betrachtung. Jeder Ort bringt also eine breitgefächerte Auswahl an verschiedenen Gefühlen zum Ausdruck, je nachdem, wer sich ihm nähert und welche Stimmung in dem Moment vorherrscht. Jeder Raum enthält potenziell eine Vielfalt an Offenbarungen, darum schöpft keine Erkundung jemals ein Dorf oder eine Stadt aus. Man wird des Lebens nicht überdrüssig. Das Gehen ist eine Konfrontation mit dem Elementaren, es ist irden, und wenn es in der Natur eine sichtbare soziale Ordnung entstehen lässt (Straßen, Pfade, Herbergen, Wegweiser usw.), ist es auch ein Eintauchen in den Raum, nicht nur Soziologie, sondern auch Geografie, Physiologie, Gastronomie usw. Indem es den Menschen der Blöße der Welt preisgibt, erregt es in ihm das Gefühl des Heiligen. Entzückung darüber, den Duft der von der Sonne aufgewärmten Kiefern zu riechen, einen Bach durchs Feld fließen zu sehen oder mitten im Wald eine verlassene Schottergrube voll klaren Wassers zu entdecken, einen Fuchs, der unbekümmert den Pfad überquert, einen Hirschen, der zwischen den Bäumen stehenbleibt, um die Eindringlinge vorübergehen zu sehen. Die Tradition des Orients kennt das *Darshana* eines Menschen oder Ortes, das eine Gabe von Anwesenheit bezeichnet, eine Aura, die diejenigen verändert, die ihrer Zeuge werden.

Der Leib der Welt ruft im Gehenden stets ein Echo hervor, er steht mit ihm in intimem Einklang. Das Gefühl ist für den Stadtmenschen, der die Einfachheit der Dinge nicht mehr kennt und sie nach diesem langen Weg auf wundersame Weise wiederfindet, unübertroffen stark. Die Erinnerung an das Gehen ist eine Girlande von außergewöhnlichen Momenten, über die ein Landbewohner nur schmunzeln kann. Stunden, die man damit verbracht hat, völlig umsonst einem jungen Fuchs aufzulauern, der dummerweise seinen Bau verlassen hat, in der Hoffnung, dass er sich noch einmal blicken lässt. Der Jubel über einen klaren Fluss nach Stunden voll Schweiß und Sonne, ein ruhiges und einsames Wäldchen, mit weichem Gras gepflastert, in dem sich das Spiel des Verlangens nur für uns unter den Liebkosungen des Windes und dem Gesang der Vögel entfaltete. Stille Wunder, aus der Langsamkeit und der Bereitschaft geboren, aus der Einladung einer Vegetation, die weicher als Stoff ist – einfache Freude an der Welt. Im nepalesischen Sarangkot, eine lange Wanderung unter der Sonne, zunächst auf den Straßen, dann über die Hügel, und schließlich der Abstieg zum Phewa-See mit seiner Mischung aus Wäldern, Reisfeldern, Weiden, kleinen Gärten. Und die Erschöpfung wächst, der Körper schweißnass, und plötzlich, an einem einsamen, entlegenen Ort, in der üppigen Vegetation, erscheint wie ein Wunder endlich der Bach, den wir schon seit langer Zeit gehört haben, gesäumt von kleinen Wasserfällen. Wie groß ist das Glück, ins kühle Wasser einzutauchen, wie schmerzlich das Wiederaufbrechen, und wie stark ist heute die Sehnsucht nach solchen Momenten.

Eine Wanderung inmitten der Nacht, im Mondlicht, durch den Wald oder übers Land, hinterlässt Spuren im Gedächtnis, die sich nicht so leicht vergessen lassen. Unter den Sternen und in der Dunkelheit erlangt der Mensch seinen Zustand als Geschöpf zurück, das in ein unendliches und bebendes Universum geworfen wurde, er stellt sich Fragen über seine Gegenwart und schwimmt in einer Kosmologie, einer persönlichen, diffusen, in jenem Moment aber kraftvollen Religiosität. Die Nacht konfrontiert den Menschen mit den zwei Gesichtern des Heiligen: der Entzückung und der Furcht, zwei verschiedene Arten, der Welt der gewöhnlichen Wahrnehmung entrissen zu sein und etwas Höherem als sich selbst zu begegnen. Wenn die Nacht für die einen ein Universum der freudigen Empfindungen ist, so ist sie für andere ein Bereich, in dem zahllose Bedrohungen herrschen, ein Gebiet ohne Anhaltspunkt, das Entsetzen hervorruft, geboren aus dem allmählich zunehmenden Wanken aller Vertrautheit. Der Genuss des Ersteren wandelt sich langsam in Angst, die zum Umkehren verführt. Von einer solchen Erfahrung berichtet Julien Gracq: »Wir drangen in einen der hochgelegenen, schwarzen Wege vor. Die Ruhe der Nacht war vollkommen; graues, aschfahles Wasser stand in den Schneisen zwischen den aus den Bäumen emporragenden Felsen, wie Wasser in einem Tiefseegraben. Bald wurden wir beim Gehen still und ein Gefühl des Unwohlseins begann von uns Besitz zu ergreifen: Wir waren zu einem langen Marsch aufgebrochen, nach einer knappen halben Stunde entschieden wir uns, kehrtzumachen. Ich glaube, in dieser Nacht den Ursprung der Angst erahnt zu haben, die auf der Durchquerung eines großen Waldes in einer mondlosen Nacht lastet.«[87] Der städtischen Nacht fehlt dieses Schimmern, sie transportiert keine metaphysische Dimension, da der anhaltende Lärm der Autos jegliches Geheimnis vertreibt, ebenso wie der stets durch Gebäude begrenzte Horizont und vor allem das gedämpfte Licht, dessen Ziel es gerade ist, die Angst zu mildern, die Orte zu banalisieren. Im Freien, ausgestreckt auf dem Dach eines Hauses, horcht P. Matthiessen »in die Nacht hinaus. Eine Fledermaus huscht vorüber, die Sterne glänzen auf. Bald geht der Mars über den Bergen im Norden auf, wo der Fluss Tarap aus dem Dolpo-Gebiet herunterfließt. In der molligen Wärme meines Schlafsackes geborgen, schwebe ich unter der runden Kuppel des Himmels. Über mir die glänzende Milchstraße, wie ich sie aus meiner Kindheit kenne; in der westlichen Welt wird sie inzwischen von der Luftverschmutzung und dem Widerschein der künstlichen Beleuchtung verschleiert. Ob meine Enkel noch die Macht, den Frieden und die heilende Kraft der Nacht kennen werden?«[88]

Die Sonne ist eine andere elementare Gegebenheit. Manchmal macht sie das Vorankommen qualvoll, wie bei Märschen durch die Wüste, bei denen der Durst eine ständige Obsession ist. Manchmal sogar in Europa: Laurie Lee erzählt, wie er an einem glutheißen Tag in der Nähe von Valladolid fast verdurstet wäre. »Die Gewalt der Hitze schien die ganze Erde zu zerschmettern und ihre Rinde in eine einzige riesige Narbe zu verwandeln. Das Blut vertrocknete einem, und alle Säfte versiegten; die Sonne schlug von oben, von der Seite und von unten zu, während der Weizen sich wie eine feste Kupferdecke über das Gelände dahinzog. Ich lief immer weiter, weil es keinen Schatten gab, in dem ich mich hätte verkriechen können (...).«[89] Bald versteht Laurie Lee, erschlagen von der Hitze und mit rauer Zunge, dass dies die Stunden sind, in denen niemand sich bewegt, weder Mensch noch Tier. Die Siesta ist nicht nur ein seliges Vergnügen, sondern ein Schutz, um nicht völlig verkohlt am Etappenziel anzukommen.

Die Schönheit ist demokratisch, sie zeigt sich einem jeden, und die schönsten Orte sind Legion, so zahlreich wie die Menschen selbst, manchmal sogar noch zahlreicher, denn im Verlauf eines einzigen Tages, eines einzigen Marsches, offenbart sich das Entzücken mehrfach, um der Erinnerung einen Rahmen zu geben, eine Atmosphäre, eine Landschaft, einen Klang, ein Gesicht. Das Gehen ist eine Öffnung zum Genuss der Welt, weil es das Innehalten erlaubt, die innere Ruhe, es ist ein stetes Aufeinandertreffen mit der Umgebung und somit die maßlose und ungehinderte Hingabe an die Sinnlichkeit der Orte.

Schlechtes Wetter ist die Würze einer Reise, auch wenn es ihre Ordnung durcheinanderbringt. Es ist eine Garantie für die Erinnerung, auch wenn es im jeweiligen Moment mit Ungeduld erlebt wird. Thierry Guinhut wird auf seiner Wanderung in den Monts du Cantal von sintflutartigem Regen überrascht, doch er freut sich darüber. »Ich ging voller Vertrauen, das Gewitter rettete mich vor dem, was der Alltagstrott, die Banalität der Reise hätte werden können, es erfüllte die Wiederholung meiner Schritte wie der Mythos und die Leidenschaft […]. Ein heftiger Regen ging plötzlich auf mich nieder, der Donner trommelte die umliegenden Berge zusammen, die Himmelsgewölbe leerten ihre klaffenden Zisternen.« Er flüchtet sich in eine Scheune, deren Boden »übersät von Hühnerdreck« ist. Auf einer Tonne sitzend kreuzt sein Blick plötzlich den eines Hundes, der, völlig durchnässt und verlegen, Reisende und Hühner vorübergehend in Frieden lässt. »Draußen dampften die Wiesen, riesige Ablaufrinnen schwemmten Sand, Hagel und Schlamm ins Gras.«[90] Der Regen ist imstande, die schönste Reise zu verderben, wenn der zerstreute Wanderer seinen Regenmantel vergessen hat oder seine Schuhe ihn nicht davor bewahren können, den ganzen Weg über nasse Füße zu haben. Nichts ist schlimmer, auch für den ausdauerndsten Wanderer, als tagein, tagaus in seinen Socken zu schwimmen oder einen nassen Schlafsack mitzuschleppen. Der Regen begnügt sich nicht damit, dem Körper zuzusetzen, er lässt auch Bäche und Flüsse anschwellen und verwandelt die Wege in Sümpfe. Aber er ist nicht immer ein Feind, auch wenn er das Vorankommen erschwert. Er bietet auch ein herrliches Schauspiel für den gut ausgerüsteten Wanderer, indem er der Landschaft Kraft gibt, und jener seine beruhigende Wirkung zu schätzen weiß. Auch fördert er die Begegnung mit anderen Unglücklichen auf der Straße. Der Klang des Regens antwortet auf die Psychologie des Gehenden oder auf die Situation, in der er sich befindet. Hagel, Nebel, auf die Landschaft niedersinkende Wolken, Schneefall hinterlassen ihrerseits später oft eindrucksvolle Erinnerungen, auch wenn sie im jeweiligen Moment als Ärgernis empfunden werden. Jede Begegnung mit dem Irdischen ist unvergesslich.

In Tibet, gezwungen, die Nacht auf einem Pass in fast fünftausendfünfhundertachtzig Metern Höhe zu verbringen, scheitern Alexandra David-Néel und ihr Adoptivsohn Yongden daran, ein Feuer zu machen. Zwar haben sie nach kurzer Suche genügend Brennmaterial beisammen, doch ist das nasse Feuerzeug nicht zu benutzen. Yongden beschließt, zu gehen, zu laufen und zu springen, um sich aufzuwärmen. Er rät David-Néel, die in die Lehren des Buddhismus eingeweiht ist, die Wärme in ihrem Körper durch die geistige Disziplin, die sie erlangt hat, zu mehren. Sie erinnert sich an ihre Meister, die im Schnee saßen, nächtelang, reglos, in ihre Meditation vertieft, mitten im tibetanischen Winter. Von ihnen hat sie die geistigen Techniken erlernt, die es erlauben, die Kälte zu überwinden, doch es hatte sich noch nie eine Gelegenheit ergeben, diese auszuprobieren. Sie steckt das Feuerzeug unter ihre Kleidung und beginnt eine Meditation: »Jetzt, da ich nun saß, fing ich an einzuschlummern. Und doch kam mir dabei der Zweck des Ritus nicht aus dem Sinn. Ich sah mich bald von Flammen umgeben, die höher und höher stiegen, bis sie mich ganz einhüllten. Ihre Zungen schlugen über mir zusammen. Ich fühlte ein unsagbares Wohlbehagen.«[91] Als sie aus der Trance erwacht, fühlt sie sich glühend heiß. Das Feuerzeug ist trocken. Sie entzündet das Feuer. Und der verwunderte Yongden, der die ganze Zeit über ringsumher gelaufen und gesprungen war, taucht bald wieder auf.

Der Pfad oder Weg ist ein Gedächtnis, das direkt in die Erde eingeschrieben ist, die Spur zahlloser Wanderer in den Maserungen des Bodens, die im Laufe der Zeit diese Orte aufgesucht haben, eine Art Solidarität der Generationen, eingefädelt in die Landschaft. Die unendlich kleine Signatur von jedem Vorübergehenden ist da, kaum erkennbar. Der Gehende berührt die Strecke sanft, er betätigt sich nicht am Kampf des Autofahrers, der manchmal tödlich für ihn oder andere endet, eine Strecke schnellstmöglich hinter sich bringend, um sein Ziel zu erreichen. Sich dieser irdenen Routen zu bedienen hat zur Folge, dass man seine Schritte in die Masse der anderen Gehenden einreiht, in ein unsichtbares, aber wahrhaftiges Einverständnis. Der Weg ist eine Erdnarbe auf der pflanzlichen und mineralischen Welt, dem gleichgültigen Vorüberziehen der Menschen preisgegeben. Der ausgetretene Weg, dem sich in kurzer Zeit unzählige Schritte eingeprägt haben, ist ein Zeichen der Menschlichkeit. Das Beschreiten des Bodens besitzt nicht die Aggressivität des Reifens, der alles zerquetscht, was in seinen Weg kommt und der Erde bei seiner Durchfahrt eine Verletzung zufügt. Die Spuren, die Tiere hinterlassen, sind kaum wahrnehmbar.

Die Strecke des Gehenden ist lebendig, sie führt irgendwohin, sich dabei Zeit lassend. Victor Segalen beschreibt sie wie ein Lebewesen mit wechselnder Physiologie: »Hier kann man sehen, wie der Weg sich mit der Erde auseinandersetzt, der gelben Felswand, ihren Schlössern und Scharten, Kämmen und Wänden. Der Weg wird also einschneidend, und die stampfenden Schritte drücken sich immer tiefer in ihn hinein. Der Weg sinkt in die Erde hinab. Doch der Einsturz eines ganzes Hügels schneidet ihn ab. Er muss hinüberspringen und etwas weiter weg von Neuem beginnen.

Der Weg verliert niemals sein Ziel aus den Augen«.[92] Ein Feldweg oder Pfad hat eine Existenzdichte, er komprimiert die greifbare menschliche oder tierische Natur: Fußspuren von Pferden, Kühen usw., Pfützen, Schneeteppiche, hohes Gras, Brennnesseln. Michel Tournier preist zu Recht die Sinnlichkeit des Fußes auf der Straße. »Das Rad braucht Ebenheit und die Bodenhaftung einer gummierten Fahrspur. Es hasst das Einsinken, Holpern und vor allem das Ausgleiten. Der Fuß findet sich damit ab, und selbst eine Rutschpartie kann ihn amüsieren. Doch am meisten liebt er es, einen leicht sandigen oder kiesigen Boden zum Knirschen zu bringen und ein bisschen darin einzusinken – nicht zu sehr – wie auf einem Teppich. Er will nicht hart auf eine unnachgiebige Oberfläche prallen. Ein bisschen Staub in der Sonne, ein bisschen Matsch wenn es regnet sind Teil der Lebensqualität.«[93]

Unregelmäßigkeiten im Dickicht lassen auf das Vorüberziehen von Tieren schließen. Sicherlich ist es schwierig, den geschärften Blick eines Dersu Uzala zu haben, für den jedes Detail ein Erkennungszeichen für vorbeiziehende Menschen oder Tiere ist, jedes noch so unmerkliche Anzeichen in der Luft eine Gewissheit für Sonne, Gewitter oder Schnee.[94]

Manche Kenntnis steht dem Gehenden zur Verfügung, wenn er sich mit kundigen Menschen umgibt oder sich selbst geduldig bildet.

Damit sich die Kenntnis der Welt grenzenlos ausbreiten kann, sind Wege vonnöten. Der Asphalt hingegen hat keine Geschichte, nicht einmal die der Unfälle, die sich darauf ereignet haben; die Autos fahren auf ihm vorüber, ohne eine Erinnerung zu hinterlassen, sie zerteilen die Landschaft wie ein Messer, gleichgültig gegenüber den Orten und ihrer Geschichte. Der Autofahrer ist ein Mensch des Vergessens, denn die Landschaft zieht an seiner Windschutzscheibe vorbei ohne dass er etwas fühlt, er befindet sich in einer Art Sinnesbetäubung und Hypnose der Straße, er ist lediglich ein hypertrophes Auge und hat selten die Muße, anzuhalten, denn er ist ein Mensch, der unter Zeitdruck steht. Überdies sind weder Landstraßen noch Autobahnen zur Erkundung oder zum Flanieren geeignet. Zudem ist es schwierig, sein Auto ohne Risiken am Fahrbahnrand stehenzulassen. Der Gehende spürt, in einer lebendigen Beziehung mit der zurückgelegten Strecke, die Erde unter seinen Füßen; mit wachen Sinnen und freiem Körper knüpft er ein Erinnerungsband mit vielen Geschehnissen seiner Reise. Er läuft natürlich Gefahr, einen anderen geistesabwesenden Wanderer zu stören, wenn er allzu leidenschaftlich die Form eines Hügels bewundert. Das ist angesichts der einhundertachtundzwanzigtausend Verkehrstoten allein in Europa nicht der Rede wert. Das Gehen befreit von dem rituellen Opfer, das den Autofahrern erlaubt, weiterhin unter gleichen Bedingungen unterwegs zu sein.

Tiere

Wenn Robert Lalonde durch seinen Wald in Québec geht, entfaltet sich eine ganze Welt vor seinen Augen: »Ich habe die sich tummelnden Forellen in drei Bergseen gesehen, von wo ich froh zurückkehre, der Körper wach wie nie zuvor, Arme und Beine von den teuflischen Mücken zerstochen wie bei einem Drogensüchtigen. Ich habe Raufußhühner und einen Weißkopfadler gesehen, den neugierigen Eistaucher, dessen Schrei einem das Herz zerreißt, frische Hufspuren eines Elchs, den wir mit unserem großen, ungezähmten Lärm der Wilden in die Flucht geschlagen haben. Ich habe die nach Tannen duftende Luft der Höhen eingeatmet, den Enzian an den Felsen, den nassen Sand, auf dem der Regen noch den Geschmack des Himmels hat.«[95] Der Gehende begegnet Tieren, die niemand sonst sieht, ob es sich nun um Mathiessens Blauschafe, um schlafende Vipern mitten auf dem Weg von J. Lacarrière oder Tausende von Mäusen handelt, die Werner Herzog entdeckt. J. Lacarrière ist erschüttert von den vielen Tierleichen, die die Straßengräben übersäen oder plattgefahren auf dem Asphalt liegen, der Aneinanderreihung von Tötungen durch gleichgültige oder ignorante Autofahrer, die das Massaker fortsetzen. »Igel, Kröten, Vögel, Weinberg- und Nacktschnecken, Insekten jeder Art, man zählt Hunderte von ihnen, selbst auf den winzigsten Landstraßen [...]. So von Flecken, Rändern und Zerquetschtem jeder Art gezeichnet, erinnert der Asphalt an Schiefer, in den sich Tausende Fossilien eingeprägt haben, an denen man die Geschichte des Bodens ablesen kann ... Manchmal überkommt es mich, dass ich meinen Rucksack absetze und auf der Straße niederknie, um wie durch ein Mikroskop diese Schlachtfelder zu betrachten, auf denen die Kadaver lediglich mit dem Teer verschmolzene Zeichnungen, Linien, Kreise oder Rosetten sind.«[96] Außer Hunden und Katzen sind es manchmal auch Füchse, die von Autos überfahren werden. Diesen Sommer waren es mehrere auf den Straßen Lothringens. Toepffer, mit einer Schülergruppe auf den Routen des 19. Jahrhunderts unterwegs, trifft bei seinem Querfeldeinmarsch auf ein Tier mit riesigem Kopf. Als er sich ihm nähert, erkennt er in ihm eine Eidechse, die versucht hatte, eine Nussschale mit ihrem Kopf aufzubrechen, und dabei ungeschickterweise ihren Kopf darin eingeklemmt hatte, ohne ihn wieder herausziehen zu können. Er befreit das Tier, welches sogleich im Dickicht verschwindet, ohne Zweifel mit dem Vorsatz, nie wieder eine Nuss zu kosten.

In den Karpaten erlebt P. Leigh Fermor Tage der herrlichen Einsamkeit, unvergesslich durch ihre Offenbarungen: eine Vielzahl roter und grauer Eichhörnchen auf den bewaldeten Wegen, vier Hirschkühe und ihre Kälber, wenig später ein prächtiger Hirsch, in der Nacht eine stille Schafherde in Begleitung von Hirten und Hunden, die seine Anwesenheit nicht bemerken, Falken, Adler, vor allem der eine unter ihnen, den er jäh in einigen Metern Entfernung erspäht und unentdeckt beobachtet, bis er seinen Flug wieder aufnimmt und weite Kreise im Raum beschreibt. Eines Tages trinkt er aus einem von Kresse überwucherten Bach und schwelgt in dem Glück, dass er in diesem Moment der Freiheit empfindet: »Oxford wäre besser gewesen. Aber dies hier war eindeutig das Beste.«[97] E. Abbey wird bei seinen Spaziergängen durch einen Naturpark in Utah von einem Uhu verfolgt, der ihn ein Stück des Wegs begleitet. Füchse, Hirsche in den Wäldern der Vogesen oder anderswo, die fischreichen Gewässer der Cevennen, Vögel von allerorten, jede Strecke abseits der ausgetretenen Pfade ist von Tieren bevölkert.

Durch alle europäischen Reiseberichte geistern Hunde, ihr Bellen und ihre Fangzähne, die manchmal den Zutritt zu einem Dorf verwehren oder den Reisenden davon abhalten, seinen Weg fortzusetzen. Bereits im Spanien der dreißiger Jahre sieht sich Laurie Lee mit ihrem angriffslustigen und hartnäckigen Auftreten konfrontiert. Wilde Hunde vertreiben ihn aus dem Unterschlupf, in dem er Zuflucht für die Nacht gefunden hatte, »und nur durch Schreien, Steinwürfe und Anstrahlen mit meiner Taschenlampe« kann er sie auf Abstand halten. »Erst im frühen Morgengrauen verließen sie mich und liefen kläffend hügelabwärts; nun fiel ich endlich in einen unruhigen Schlaf, in dem ich ihre heißen gelben Zähne in meinem Fleisch spürte.«[98] Später wird er heftig »von einem irren Hund grausam gebissen, der Augen hatte wie gelbes Gas«.[99] Wie man sieht, braucht es mehr als eine Bisswunde, um Laurie Lee seiner lyrischen Ausdrucksweise und seiner Beobachtungsgabe zu berauben. Die Spiritualität beim Wandern bewahrt keinesfalls vor der Bissigkeit des Hundes. Der Hund, die Psychologie seines Herrn reflektierend, verschont in keiner Weise den Pilger auf dem Jakobsweg oder den friedlichen Wandergesellen, er steht über den moralischen Kategorien. Für ihn sind alle Menschen gleich, und die Details sind nicht entscheidend darüber, ob er sich zurückhält. Jean-Claude Bourlès, der seit Jahren auf dem Jakobsweg geht, erlebt etwas Unschönes, als er unglücklicherweise einen Gutshof betritt, um nach dem Weg zu fragen. Kaum hat er die Schwelle übertreten, stürzen sich zwei Deutsche Schäferhunde auf ihn, knurrend vor Wut, die Zähne gefletscht, das Fell gesträubt: »Der Angriff war so gewaltig, dass ich mich verloren glaubte. Die Angst, die mich erstarren ließ, rettete mich. Der Stock ließ sie innehalten, hielt sie auf Abstand.«[100] Während des Ansturms der Tiere tritt er vorsichtig den Rückzug an. Erfreulicherweise schafft die Ankunft seiner Frau eine Ablenkung. Gemeinsam gelingt es ihnen, die Hunde in einige Entfernung zurückzudrängen, der Falle zu entkommen und wohlbehalten ihren Weg fortzusetzen. Louis Moutinot wird in der Nähe von Domme in der Dordogne von zwei Deutschen Schäferhunden angegriffen, die sich in der Absicht ihn zu beißen auf ihn stürzen. Zum Glück hält er seinen Wanderstock in der Hand, mit dem es ihm gelingt, den ersten von ihnen zu schlagen, der sich daraufhin von dannen eilt, auf dem Fuße gefolgt von seinem verängstigten Kumpan.[101]

Manchmal hingegen werden Hunde zu Weggefährten und überschütten den Gehenden mit Zuneigung, jedoch geschieht dies mit zugegebenermaßen großer Seltenheit. Gewiss sind sie manchmal auch furchtbar lästig, wenn sie ihm auf Schritt und Tritt folgen, auf der Suche nach Nahrung oder Zärtlichkeiten, ungeachtet jeglicher Versuche, sie durch List oder Gewalt abzuschütteln. Der Gipfel ist erreicht, wenn am Abend der Wirt mit Nachdruck darauf hinweist, dass Hunde in seinem Haus nicht erlaubt sind. Llamazares beglückwünscht einen Bauern zu dessen eifrigem Hund, der eine Kuh zurück zur Herde führt, und sogleich wird ihm dieser angeboten. Er muss lange kämpfen, um dieses Geschenk, das ihm sicher bald zur Last gefallen wäre, auszuschlagen. Schlussendlich schlägt er dem großzügigen Bauern vor, den Hund entscheiden zu lassen, der, vollkommen gleichgültig gegenüber der Diskussion, dessen Streitgegenstand er ist, sein Amt bei der Herde wieder aufnimmt. Lacarrière erbt seinerseits einen herumirrenden Hund, der ihm mehrere Tage lang folgt und den er einem Tagelöhner zum Geschenk macht, der bereits Mühe hat, seine vielen Kinder zu ernähren, aber trotz allem philosophisch zu dem Schluss kommt, dass es letztlich nicht darauf ankäme, ein weiteres hungriges Maul zu stopfen.

Die soziale Schräge

Im November 1974 wird Lotte Eisner schwer krank in ein Pariser Krankenhaus eingeliefert. Als Filmhistorikerin ist sie Autorin maßgeblicher Werke über das deutsche Kino. Als der Filmemacher Werner Herzog von ihrem Zustand erfährt, beschließt er, dass die Stunde ihres Todes noch nicht gekommen sei, und nimmt auf weltliche Weise die Tradition der Pilgerfahrt als Votivhandlung auf. Als Akt der Sühne oder Opfergabe schließt er einen symbolischen Tauschhandel mit dem Tod ab, damit sie weiterleben kann: »Ich nahm eine Jacke, einen Kompass und einen Matchsack mit dem Nötigsten. Meine Stiefel waren so fest und neu, dass ich Vertrauen in sie hatte. Ich ging auf dem geradesten Weg nach Paris, in dem sicheren Glauben, sie werde am Leben bleiben, wenn ich zu Fuß käme.«[102] Drei Wochen lang läuft er der Welt der Gegenwart zuwider, Hindernisse überwindend, Felder und Wälder überquerend, manchmal entlang der großen Straßen, sogar der Versuchung standhaltend, kürzere Strecken per Anhalter zurückzulegen. Er durchquert Landschaften, die von Kälte, Schnee, Eis und Regen heimgesucht werden. Sein Kompass weist ihm den Weg. Abends bricht er Türen von

Ferienhäusern auf, sucht Schutz im Stroh der Ställe oder nimmt sich ein Zimmer in einer Herberge. Mit schmerzenden, erschöpften, oft eingefrorenen oder durchnässten Füßen, manchmal von nächtlichen Geräuschen oder sich nähernden Wesen, die er nicht zuordnen kann, verängstigt, geht er mit seinen menschlichen Mitteln gegen den Tod einer Freundin an, gegen die Zeit, indem er auf eine Art der Souveränität des Herzens setzt. Der Bericht dieses Wintermarsches ist durchzogen von Schilderungen einer Welt, die im Verfall begriffen ist, bedroht von Auszehrung und Auflösung – eine visionäre Darstellung, in der Zeit und Raum durcheinanderzugeraten scheinen. Eine Welt der Koinzidenzen, die nur der Gehende wahrnimmt, weil er nicht mehr im Rampenlicht der sozialen Bühne steht, um seine Rolle zu spielen, sondern zwischen den Welten, zwischen den Städten und Dörfern mit seinem Menschengang wandelt, sich den Raum während dieses langen Nahkampfes mit der Erde aneignend. Er erlebt manche sonderbare Situation, ungewöhnliches Verhalten von Menschen und Tieren, manchmal sogar der Landschaft selbst, als ob die Tatsache, dass er an diesem Punkt unlösbar an die Schwerkraft der Welt gefesselt ist, ihm nicht nur einen Blick, sondern das Hellsehen erlaubt. Die Versuchung aufzugeben und den Zug nach Paris zu nehmen ist stark, doch schließlich steht Herzog am Bett Lotte Eisners: »Da sah sie mich an und lächelte ganz fein, und weil sie wusste, dass ich einer zu Fuß war und daher ungeschützt, verstand sie mich.«[103]

Die Schritte sind ruhig und lautlos, ohne Feierlichkeit. Der Gehende trifft stets unverhofft ein, seiner Anwesenheit geht kein Geräusch voraus. Er findet unerwartete oder gewöhnliche Szenerien vor. Er durchquert wie ein Dieb schlafende oder belebte Dörfer. Kinder spielen, Hunde lauern ihm auf, Gardinen zittern hinter Fenstern und lassen auf Beobachter schließen, Männer und Frauen arbeiten in ihren Gärten oder auf den Feldern, fällen Bäume. Gespräche verstummen in dem Moment, in dem er vorübergeht und ahnt, dass er ihr Gegenstand war. Bei den erstaunten Ansässigen liegen Neugier und Diskretion im Widerstreit. Hühner picken in der Einfahrt eines Bauernhofs, dessen Dung von Weitem zu riechen ist und aus dessen Ställen dumpfe Aufregung erklingt, ein Bauer tritt mit einem Milcheimer ins Freie, die auf einer Schnur ausgebreitete Wäsche flattert im Wind. Camilo José Cela erreicht Taracena und findet keine Menschenseele vor. »In der prallen Hitze um vier Uhr am Nachmittag spielte nur ein Kind lustlos mit einigen Aprikosenkernen. Ein abgespannter Maultierkarren mit auf dem Boden schleifender Deichsel brät mitten auf einem kleinen Platz in der Sonne. Einige Hühner picken in einem Misthaufen. Frisch gewaschene Wäsche hängt zum Trocknen an der Fassade eines Hauses. Derbe, steife Hemden, die aus Pappe gemacht scheinen und wie Schnee in der Sonne leuchten«.[104] Laurie Lee trifft auf Erntearbeiter: »Als ich vorüberging, richteten sich Männer auf und legten die Hand schützend über die Augen, während sie mir schweigend nachsahen, oder ich glaubte, sich eine Hand zum Gruß erheben zu sehen, die zwischen den sonnenschwarzen Fingern die funkelnde Sichel wie einen gebogenen sechsten Fingernagel zeigte.«[105] Das Gehen ist ein Universum der geteilten Überraschungen und Geheimnisse, es erregt Verwunderung über das Dasein und lässt den Menschen einen Fetzen der Zerbrechlichkeit der Zeit erhaschen.

Der Gehende ist ein Mensch der Schräge; auch wenn er tagsüber seines Weges zieht, ähnelt er symbolisch einem Geschöpf der Nacht, unsichtbar, lautlos, in ihm erlischt jede Helligkeit. Gemeinplätze und die ausgetretenen Pfade zu meiden, um den Weg seiner Schritte zu erfinden, impliziert eine soziale Verborgenheit. Der Gehende ist ein Mensch der Gespaltenheit, des Zwischenraums, seine Vorliebe für Schleichwege verortet ihn in der Ambivalenz, zugleich innen und außen zu sein, hier und dort. Er taucht in einem Moment unversehens in die persönlichen Geschichten derjenigen ein, die am Rand der Öffentlichkeit stehen, weil sie so zurückgezogen leben oder zu sehr auf der Hut sind. Die Strecke hält ihre schönen und unerfreulichen Überraschungen bereit. Als ständiger Fremder ist er an diesem Abend schon nicht mehr dort, wo er am Vortag war. Wenn er heute Abend Bindungen eingegangen ist, sind sie morgen bloß noch Erinnerungen. Der Gehende erschafft den Weg nach Maßstab seines Körpers, seines Atems; er schuldet niemandem irgendetwas, weder fürs Schlafen oder für Nahrung noch für sein Vorankommen auf seinen Wegen, er wählt sich seine Gefährten und sucht die Einsamkeit, wann es ihm gefällt. »Einer der wichtigsten Gründe, die mich zum Gehen anspornen«, sagt Jacques Lacarrière, »ist die Konfrontation mit der Ungewissheit der Begegnungen, jeden Tag unvorhergesehene, unterschiedliche Kontakte zu knüpfen, letztendlich eine Art Prüfung zu bestehen, leidenschaftlich und abstoßend zugleich: Immer der Fremde zu sein, je nach Erscheinungsbild beurteilt, akzeptiert oder abgelehnt zu werden, zu versuchen, in wenigen Augenblicken in einer Unterhaltung auf der Straße, in einem Café oder in einem Hof darzulegen, wer man ist.«[106] Der Umgang mit dieser Gespaltenheit legt auch die Nebensächlichkeiten der Strecke offen, im eigentlichen und symbolischen Sinne, die stillen Dramen, von denen lediglich einige

Spuren zurückbleiben. Eines Tages findet Werner Herzog ein fast neues Damenrad in einem Bach. Er denkt lange darüber nach, vermutet einen Streit, eine lokale Tragödie, von der niemand spricht.

Die Schräge ruft oft Misstrauen hervor, sogar Feindseligkeit, und entfacht den Eifer der Polizisten, die es beunruhigt, einen Reisenden ohne Auto zu sehen. Pierre Barret und Jean-Noël Gurgand gingen vor einigen Jahren den Jakobsweg von Vézelay an und machten diese unheimliche Erfahrung: Sie werden neunmal kontrolliert und mehrfach von Leuten anonym angezeigt, die mit Argwohn diese beiden Männer mit Rucksäcken und ohne Auto auf der Straße beobachten.[107]

Paradoxerweise löst es die Zungen und fördert den unmittelbaren Kontakt, einen neuen Ort zu erreichen oder nur an ihm vorbeizukommen. Sich nicht zu kennen und zu wissen, dass in spätestens ein paar Stunden jeder seiner Wege gehen wird, ermutigt zur Begegnung: Ausgetauscht werden nicht nur Worte, sondern auch kleine Gefallen, ein Schluck Wasser oder Wein, ein Stück Brot oder ein Gericht in einem Restaurant, eine Fahrt auf einem Kippwagen oder Traktor und eventuell – als kleiner Verstoß gegen die Ethik des Gehens – ein Stück des Wegs im Auto. Das gleiche Wasser aus einem Brunnen oder Bach zu trinken, gemeinsam eine Nacht lang unter freiem Himmel durchnässt im taubedeckten Gras zu liegen, sich zusammen am Ufer eines Flusses zu waschen, das ist die kurzlebige Brüderlichkeit der Vagabunden, die nicht von Dauer ist, aber unvergessliche Erinnerungen hinterlässt.

Spaziergänge

Der Spaziergang ist eine untergeordnete, aber wesentliche Form des Gehens. Er ist wie ein persönlicher Ritus, unglaublich beliebt, entweder regelmäßig oder den jeweiligen Umständen entsprechend durchgeführt. Allein oder zu mehreren ist er eine ruhige Aufforderung zur Entspannung, zum Gespräch und zum Flanieren ohne Ziel, um wieder Atem zu schöpfen, die Zeit zu bezwingen, sich die Welt ins Gedächtnis zu rufen, die als dem Menschen angemessen erkannt wird. Im Jahre 1802 schreibt der deutsche Philosoph Karl Gottlob Schelle, ein Freund von Kant, einen kurzen Aufsatz über den Spaziergang als Kunstform, um seine Disziplin mit dem Alltag zu versöhnen. Für ihn ist der Spaziergang zugleich eine physische und intellektuelle Tätigkeit, er fordert die Aufmerksamkeit der Sinne und des Verstandes. »Die *eigene* Natur, die eigenen Gedanken eines Menschen entwickeln sich nur in Stunden, wo er, von fremden Geistern unberührt, seinen Geist sich selbst wiedergiebt.«[108] Die Ansprüche von Körper und Geist gleichen sich aneinander an und wecken eine Aufmerksamkeit gegenüber der anderen Welt, je nachdem, an welchem Ort man sich befindet. »So wie beym Spazierengehn im Freyen, selbst wenn man nicht allein geht, der Eindruck der Natur überwiegt: so wird man dagegen bei genauerer Aufmerksamkeit auf seine Gefühle finden, dass während des, selbst einsamen Spatzierengehens auf Alleen um eine Stadt die Idee des geselligen Lebens, schon durch den Eindruck des Lokals in den Empfindungen der Seele vorsticht.«[109]

Der Spaziergänger ist eine Art Widerschein der Orte, die er durchquert, auch wenn seine Verfassung nicht ohne Einfluss auf das ist, was er sieht. Thoreau erklärt sein inneres Bedürfnis, mindestens vier Stunden am Tag zu gehen, sowie sein Leid, wenn Beschäftigungen ihn bis zum späten Nachmittag in seinem Zimmer festhalten und sein Körper einzurosten droht. Spazierenzugehen ist seiner Meinung nach ebenso zwingend notwendig wie der Schlaf. Den passenden Ort auszuwählen ist schwierig, doch laut Thoreau gibt es »in der Natur einen sanften Magnetismus, der uns, wenn wir uns ihm unbewusst anvertrauen, ans rechte Ziel führt. Es ist uns durchaus nicht gleichgültig, wohin wir uns wenden. Es gibt einen rechten Weg, doch wir neigen dazu, aus Unachtsamkeit den falschen zu nehmen. Wir würden am liebsten den Weg gehen, den wir noch nie gegangen sind und der genau unseren Vorstellungen und Idealen entspricht.«[110] Thoreau ist es auch, der auf wunderbare Weise die Fähigkeit zur Metamorphose bereits bekannter Orte beschreibt, vor allem die unendlichen Ausmaße derer, die es stets in unmittelbarer Nähe vom Zuhause zu entdecken gibt. »Ein Farmgebäude, das ich zuvor nicht wahrgenommen hatte, ist manchmal so interessant wie die Behausung des Königs von Dahome. In der Tat lässt sich zwischen den Möglichkeiten, die eine Landschaft in einem Radius von zehn Meilen bietet – einer Strecke, die man an einem Nachmittag bewältigen kann –, und dem etwa siebzig Jahre währenden menschlichen Leben eine Ähnlichkeit erkennen. Mit beidem ist man nie ganz vertraut.«[111] Der Spaziergang offenbart die Exotik im Vertrauten, er lenkt den Blick ab und sensibilisiert für die Variation der Details.

Die Reise aufschreiben

Jede Reise ist Diskurs, eine Erzählung, die in der Vorstellungskraft der Strecke vorausgeht und ihr als Bericht nachfolgt, bei Freunden oder späteren Bekanntschaften, zurück zu Hause oder noch unterwegs. Das Schreiben ist die Erinnerung an die zahllosen Erlebnisse, die man auf dem Weg gesammelt hat; eine Methode für den Reisenden, der Zeit zu entfliehen, indem er sie auf die Seiten eines Schreibhefts bannt, um später voller Sehnsucht dorthin zurückzukehren und sie dank ungezählter Bezugspunkte im Text noch einmal zu durchleben. Weil das Gedächtnis ist wie es ist, erreicht die Summe unserer vergessenen Märsche eine schwindelerregende Größe in Anbetracht all derer, von denen uns nur Fetzen oder überhaupt keine Erinnerungen bleiben. Diejenigen, in deren Verlauf wir ein Tagebuch geführt haben, bleiben aufgrund des betriebenen Aufwands lebendig, regelmäßig Ereignisse zu notieren und darin zu lesen, um in Erinnerungen und Sehnsucht zu schwelgen oder sich frühere Streckenabschnitte noch einmal ins Gedächtnis zu rufen, bevor man die Reise fortsetzt. Zweifellos vermischt sich im Laufe der Jahre das Reale mit dem Imaginären, die Knappheit einiger Sätze lässt auf mehr schließen, als sie tatsächlich enthalten, doch zumindest bleibt ein Vorrat an Bildern. Der Versuch, eine Reise, auf der man weder Notizen noch Fotos gemacht hat, im Gedächtnis zu rekonstruieren, ist zum Scheitern verurteilt, ausgenommen einige unvergessliche Ereignisse. Als er seine *Bekenntnisse* niederschreibt, tut Rousseau seiner Verbitterung darüber kund, keine seiner Eindrücke aus früheren Zeiten aufgezeichnet zu haben, obwohl das Gehen für ihn ein unendliches Glück bedeutete. In seinen Memoiren beschreibt Kazantzakis die Erfahrung, die jeden Einzelnen berührt, der unversehens Hefte findet, vollgekritzelt mit einer Handschrift, die sich auch viele Jahre später kaum verändert hat; die Erfahrung, jäh wieder in eine intakte Erinnerung einzutauchen, in der die Sinnlichkeit mit jedem Satz wiedererweckt wird: »Ich blätterte das vergilbte Wandertagebuch durch. Nichts ist also gestorben, alles schlief in mir, und wie ist es jetzt aufgewacht, und wie steigt es hervor aus alten, halbverwischten Seiten – Klöster und Mönche und Gemälde und Meere entstehen wieder vor mir! Auch mein Freund steigt herauf aus der Erde, schön wie er damals war in der Blüte seiner Jugend, mit seinem homerischen Lachen, mit seinen blauen Adleraugen, mit der Brust voller Lieder!«[112] Toepffer, alternd und von gesundheitlichen Problemen geplagt, muss von seinen *Reisen im Zickzack* mit Schülern und Freunden Abstand nehmen. Das Dahinwandern der Feder auf dem Papier übernimmt also die Funktion seiner Schritte auf den Straßen. »Als er den Wanderstock niedergelegt hat, bezweifelte der Verfasser dieser Zeilen, dass er ihn allzu bald wieder aufnehmen könnte, und in der Voraussicht dieser Möglichkeit gefällt er sich darin, in dieser Schilderung verschiedene Erinnerungen oder Erfahrung für diejenigen zu versammeln, die versucht sind, hinsichtlich einer Laufbahn als Wanderer in den Alpen in seine Fußstapfen zu treten.«[113]

Glücklicherweise machen Berichte über Fußwanderungen einen wesentlichen Teil der Reiseliteratur aus. Davon zeugen im Übrigen die zahlreichen Autoren, die inmitten dieses Textes wandeln. Kaum hat Patrick Leigh Fermor das Boot betreten, das ihn über den Kanal nach Rotterdam bringt, lässt er sich im Salon nieder und holt andächtig sein Reisetagebuch hervor, in das er sogleich die ersten Zeilen schreibt. Die wahre Abreise, die Taufe, beginnt erst mit diesen ersten Zeilen. Später wird ihm unglücklicherweise das Tagebuch zusammen mit seinem Geld und seiner Tasche in einer Münchener Jugendherberge gestohlen. Doch Leigh Fermor setzt seine Aufzeichnungen in einem anderen Heft fort, ohne sich entmutigen zu lassen. Man geht auch, um zu schreiben, zu erzählen, Bilder zu erfassen, sich selbst in sanften Illusionen zu wiegen, seine Erinnerungen und Pläne zu sammeln.

Die Reduktion der begehbaren Welt

Es ist erst seit Kurzem so, dass die Straßen frei von Fußgängern und nur noch von Autos befahren sind. Wenn das Gehen für unsere Vorfahren zur Fortbewegung erforderlich war, selbst auf langen Reisen, so ist es heute im Prinzip eine Entscheidung und sogar eine Form des entschiedenen Widerstands gegen die Neutralisierung des Körpers durch die Technik, die für unsere Gesellschaft bezeichnend ist. Wenn es in der Stadt noch immer eine wichtige Art der Fortbewegung ist, so ist es für die Strecken zwischen zwei Städten oder Dörfern praktisch undenkbar geworden. Keine Schutzvorrichtung trennt den unverbesserlichen Gehenden von diesen Straßen, wenn er sie zu betreten wagt. In weiten Teilen der Welt jedoch machen Busse, Autos und die zahllosen Zweiräder den Fußgängern den ohnehin spärlichen Platz streitig. In Asien, Lateinamerika und Afrika müssen sich die Fußgänger selbst die belebtesten Straßen permanent mit Fahrzeugen jeglicher Art teilen, ja sogar mit Viehherden und deren Hirten. In den dreißiger Jahren, als Laurie Lee sich auf den Weg macht, trifft er eine Schar mehr oder weniger kampferprobter Fußgänger. Unter ihnen befinden sich Vagabunden und vor allem Arbeitslose auf der Suche nach einer Anstellung. »Die Professionellen konnte man leicht herausfinden; sie kochten Tee am Straßenrand, hetzten sich nicht ab und kümmerten sich um ihre Füße. Die anderen aber, die Mehrzahl, schritten wie Schlafwandler einher, blieben für sich und sprachen nur selten miteinander. (...) Manche hatten Beutel mit Werkzeugen oder brüchige Pappkoffer bei sich, andere trugen Stadtanzüge, die nur noch Schatten ihrer selbst waren.«[114] Die Fußgänger von heute sind nicht mehr die gleichen, die Straßen sind im Prinzip leer und von Autos beherrscht. Die Kultur der Straße hat sich verlagert, sie ist eine Freizeitvergnügen geworden, wenn auch die Anzahl der Jugendlichen ohne Unterkunft und der Menschen ohne festen Wohnsitz (das heißt, der auf sich allein Gestellten) nach wie vor beachtlich ist.[115]

Die begehbare Welt reduziert sich mit der Ausbreitung der Stadtgebiete, der Autobahnen, die Strecken abschneiden, der TGV-Trassen oder mit dem Ausbau alter unbefestigter Wege, die Autos und Geländewagen die Zufahrt zu Wäldern und Forsten ermöglichen. Die Ausweitung des Tourismussektors in einer Region hat oft die Einrichtung von Verkehrsstrukturen zur Folge, die den Fußgänger, diesen anachronistischen Charakter, kaum berücksichtigen, es sei denn, er gibt sich mit eigens für ihn eingerichteten Zonen zufrieden. Überall wird in das Loblied auf das Automobil mit eingestimmt und so zwangsläufig eine fußgänger- und fahrradfeindliche Welt geschaffen (man denke an die alltäglichen Umgangsformen im Straßenverkehr, die stets den Schwächsten zum Nachteil gereichen). Die unbegrenzten Räume, offen zum

Durchstreifen, Staunen, Entdecken, schwinden zusehends. In den USA tut Edward Abbey seine Verbitterung darüber kund, dass wunderschöne Orte ausgebaut werden, an die zuvor allein Naturliebhaber gelangten, die einen mehrere Kilometer langen Marsch von ihrem Auto aus nicht scheuten, um einen ganz neuen Ausblick zu entdecken. In einem Zeitraum von ungefähr zehn Jahren sind die Besucherzahlen des Arches-Nationalparks von einigen Tausend im Jahr auf mehrere Hunderttausend angestiegen. Der Ausbau der befahrbaren Straßen hat diesen Ort der Stille und Meditation in einen riesigen Campingplatz verwandelt, in dem der Lärm von Fernsehgeräten, Radios, Mofas, Autos usw. ertönt.

Die Tourismusindustrie macht seltene und außergewöhnliche Orte dem Konsum zugänglich, doch indem sie dies tut, zerstört sie deren Aura und banalisiert sie somit. »Der Fortschritt hat schlussendlich die Arches erreicht, nach einer Million Jahre der Verlassenheit. Die Tourismusindustrie ist angekommen.«[116] Abbey zählt viele magische, nur nach mehrstündigen Märschen erreichbare Orte auf, deren Einsamkeit, Stille und Schönheit durch den Bau von Straßen nunmehr der motorisierten Masse preisgegeben sind und Wanderer für immer vertreiben werden. Abbey befürchtet, dass alle amerikanischen Wälder und Nationalparks das gleiche Schicksal ereilen wird. Der springende Punkt ist die Zugänglichkeit: Sobald ein Ort mit dem Auto erreichbar ist, wird er mit Sicherheit einige motorisierte Besucher empfangen müssen. »Was bedeutet Zugänglichkeit? Gibt es einen einzigen Ort auf Erden, bei dem die Menschen nicht gezeigt haben, dass er mit den einfachsten Mitteln zu erreichen ist: den Füßen, den Beinen, dem Herzen?«[117] Wie kann man die Menschheit ihrem Auto entreißen und wieder auf die Füße stellen, sodass sie wieder die Erde unter ihren Schritten spürt? »Sie werden über die körperliche Erschöpfung klagen, diese Pionierssöhne. Nicht mehr lange, denn sobald sie die Freude daran wiederentdeckt haben werden, ihre Glieder und Sinne tatsächlich auf verschiedene, spontane und bewusste Art zu gebrauchen, werden sie sich eher darüber beklagen, dass sie wieder in ihre Autos zurückkehren müssen.«[118]

Das Unterfangen der Organisation *Mountain Wilderness*, die Bereiche des Unbestimmten, unbekanntes Terrain für das Erfinden, Entdecken, Spielen und die Freiheit in Anspruch nimmt und damit den Plänen zur baulichen Erschließung der Berge zuwiderläuft, sollte ein weltweites Anliegen sein – damit die Rationalisierung und das Profitdenken, das heutzutage vorherrscht, die Orte verschonen, an denen der Mensch sich völlig frei in der Einsamkeit entfalten kann.

Grenzgänger

»*In angenehmen Tagen, dieser zerbrechliche Körper – unser Reichtum –, um den wir uns so sorgen, dass wir immer mit Angst, Bedauern, Bitterkeit an ihn denken, weil er sich auflöst: dieser Zahn, der nie mehr gesund werden wird, das Haar, die Runzeln – dieser Besitz, dieses Vermögen, das jeden Tag weniger wird.*
Hier, einfaches Werkzeug zum Vollbringen einer Tat. Er zählt nur noch als solches, wie das Geld für einen Kauf. Und was man erwirbt, kann nicht vergeudet werden, es ruht verschlossen in der Truhe unseres irdischen Daseins.«[119]

Cabeza de Vaca[120]

Cabeza de Vaca bricht im Juni 1527 von Andalusien zu einer Expedition nach Florida auf, deren Schatzmeister er ist. Nach einer Reihe von Zwischenfällen, erlittenem Schiffbruch und Auseinandersetzungen mit den Indianern werden Cabeza und mehrere seiner Kameraden gefangen genommen, zu Sklavenarbeit gezwungen, gedemütigt und voneinander getrennt. Cabeza lässt seine Hidalgo-Herkunft endgültig hinter sich und wird Hausierer, der von Ort zu Ort zieht und Meeresschnecken und Muscheln gegen Leder, Stoffe, Feuerstein usw. tauscht. Mit dieser List durchstreift er unermüdlich die Gegend, auf der Suche nach einer Fluchtmöglichkeit, und bezwingt nach und nach eine lebensfeindliche Umgebung, dem Hunger und der Kälte trotzend. Doch wie kann er entkommen – nicht aus einem engen Gefängnis, das von vier Wänden umschlossen ist, sondern aus einer feindseligen, grenzenlosen Weite, die den Einzelnen insofern einschränkt, als er sich aus ihr zu befreien sucht? Der einzige Ausweg besteht in einem fast unmöglichen Fußmarsch zu den spanischen Siedlungen in Tausenden Kilometern Entfernung, mit der Ungewissheit darüber, was ihn unterwegs erwartet. Sechs lange Jahre lang bereitet Cabeza sich methodisch und geduldig vor, als er erfährt, dass drei seiner ehemaligen Kameraden in einem benachbarten Dorf als Sklaven gehalten werden. Er sucht sie also auf und schlägt ihnen vor, mit ihm gemeinsam zu fliehen, doch Vorsicht ist geboten, auch wenn das erduldete

Leid, die Demütigung und die Todesdrohungen schwer auf den Gefangenen lasten.

Die unvermutete Entdeckung ihrer Fähigkeiten als Heiler, die ihnen die Indianer großmütig zuschreiben, befreit die vier Männer schlussendlich. Sie gehen von Dorf zu Dorf, ihr Ruf als Wundertäter eilt ihnen voraus. Sie müssen Hunger und Kälte erdulden, trotz der großzügigen Gastfreundschaft der Indianer. Auf dieser anstrengenden Reise haben die vier Männer Nordamerika zu Fuß durchquert, von den Küsten Floridas bis zu denen des Pazifiks. Das schöne Buch von Cabeza de Vaca erwähnt diesen quälenden Marsch mit keinem Wort. Er ist nicht wie unsere Zeitgenossen, hebt seine Heldentaten nicht hervor, das Risiko ist für ihn kein Selbstzweck; er verzichtet auf Selbstdarstellung und begnügt sich mit einem Bericht, der eher auf die schwierigen Beziehungen mit den Indianern und ihren Bräuchen eingeht, die Grausamkeit der spanischen Armee, den Hunger, die Kälte oder die Angst, niemals nach Spanien zurückkehren zu können. Eine Reihe von Qualen, bei denen das Individuum erlischt, legt ohne narzisstische Selbstgefälligkeit seine Sehnsüchte und seinen Überlebenswillen offen. Der unerschütterliche Glaube an Gott hält diese Männer nicht davon ab, dem Himmel tatkräftig bei ihrer Rettung unter die Arme zu greifen. Cabeza preist Gott für seine Milde, er brüstet sich nicht mit seinem Mut und seiner Geduld. Nach zehn Jahren in Gefangenschaft erreichen vier geschundene Männer Santiago de Compostela, die einzigen Überlebenden von sechshundert Mann, die aufgebrochen waren.[121]

Reise nach Timbuktu

René Caillié kommt in einer armen Familie in Deux-Sèvres zur Welt, er verliert seine Eltern schon als Kind. Ein Onkel nimmt ihn zu sich, er lernt lesen und schreiben und ergreift einen handwerklichen Beruf. Doch seine Leidenschaft fürs Lesen unterscheidet ihn von den anderen, er träumt von Reisen und Expeditionen und kann seinen Vormund überzeugen, ihn 1816 an Bord der Gabarre *La Loire* gehen zu lassen, die auf dem Weg zum Senegal ist. Er ist so mittellos, dass die Bewohner von Mauzé zusammenlegen, um ihm ein Paar Schuhe zu schenken. Von Saint-Louis geht er zu Fuß bis Dakar, in Begleitung einiger Afrikaner mit eiserner Ausdauer, die den Marsch für ihn zu einem einschneidenden Erlebnis werden lassen. Zum ersten Mal erfährt er extreme Erschöpfung, Hitze, Durst, den Sand, der unter den Schritten nachgibt, und die zahlreichen Blessuren, die die Gehenden erleiden müssen. Aber dem jungen Caillié gelingt es nicht, eine der Expeditionen ausfindig zu machen, die sich von Dakar aus vorsichtig ins Landesinnere bewegen. Im Jahr 1819 schließt er sich einer europäischen Karawane an, die in einige schwierige Situationen gerät. Caillié leidet fürchterlich unter dem Durst, hält sich jedoch zurück, nach mehr Wasser zu fragen. »Hinterher sagte man mir, ich hätte einen verstörten Blick gehabt, gekeucht und die Zunge sei mir aus dem Mund gehangen. Ich persönlich erinnere mich nur, dass ich bei jeder Rast kraftlos zu Boden fiel und nicht einmal die Energie hatte, etwas zu essen.«[122] Bald fällt die kleine Gruppe in die Hände eines einheimischen Landesherren und wird dort unter anderem mit Wasserentzug gefoltert. Erschöpft und krank kehrt Caillié nach Hause zurück, ohne jedoch seine Träume aufzugeben. Das Scheitern der europäischen Unternehmungen bringt ihn auf eine zweifelhafte Idee, die sich aber als praktikabel erweisen wird. Er wird Arabisch lernen und sich in die Lehren des Islams einweisen lassen, um später ins Innere Afrikas vorzudringen, ohne den Hass der einheimischen Bevölkerung auf sich zu ziehen. Im Jahr 1824 tritt er eine Reise an, auf der er seinen muslimischen Gesprächspartnern erklärt, dass er zufällig in den Besitz einer Koranübersetzung gelangt sei, die ihm den Weg zum wahren Gott gewiesen hätte. Der Umstand, dass sein Vater kürzlich verstorben wäre, hätte ihn all seiner Pflichten enthoben und ihm zudem finanziellen Wohlstand beschert; nun sei er bei seinen Gastgebern auf der Suche nach einer religiösen Unterweisung – für dieses Vorhaben sei ihm Saint-Louis empfohlen worden. Indem er ihrer Eitelkeit derart schmeichelt und seine angeblichen Reichtümer in den leuchtendsten Farben ausmalt, und indem er von seiner baldigen Konvertierung berichtet, hat Caillié kaum Mühe, von Mauren aufgenommen zu werden, die seine spirituellen Lehrmeister werden.

Bereits auf den ersten Schritten dieses Umwegs, der ihn letztendlich nach Timbuktu führen wird, erfährt Caillié sowohl Großzügigkeit als auch Missachtung, die sich die ganze Reise über abwechseln werden. Die Nachtwanderung, in der er Saint-Louis hinter sich lässt, beschert ihm mit Dornen gespickte Füße. Ein alter Mann zieht sie ihm einen nach dem anderen heraus und bietet ihm seine bescheidene Schlafstatt an. Ein andermal hingegen macht sich die Menge in einem Lager über ihn lustig; man zwingt ihn, mehrfach das muslimische Glaubensbekenntnis zu wiederholen, fragt ihn, ob er sich beschneiden lassen wird, und zieht ihn an Armen und Beinen. Am nächsten Morgen ist der Christ noch immer eine

Attraktion. Die Anzüglichkeiten beginnen wieder von vorn, Kinder bewerfen ihn unter den amüsierten Blicken der Erwachsenen mit Steinen. Die Aufmerksamkeit und die schlechte Behandlung wiederholen sich bei späteren Begegnungen.

Nach seiner Rückkehr nach Frankreich schreibt Caillié seinen Reisebericht auf Grundlage seiner Notizen, die er heimlich »mit zitternder Hand (...) im Vorübereilen«[123] gemacht hat. Tatsächlich muss er jeden Augenblick damit rechnen, dass er überrascht und seine List vor aller Augen offengelegt wird. Er beschreibt sorgfältig die Sitten der Bevölkerung, die Geografie, die Vegetation usw. und erzählt ausführlich von persönlichen Erlebnissen auf seiner Reise. Seine vermeintliche Zugehörigkeit zum Islam zwingt ihn, zu fasten, was sich in seiner Lebenssituation als strapaziös erweist. Die Autorität der *Marabouts* bleibt oft ohne Wirkung auf diejenigen, die ihm im Verlauf seiner Reise mit Fragen bestürmen, ihn kneifen, bedrängen, vom Schlafen abhalten und auf viele weitere Arten plagen. Überall ist Caillié eine Sensation, der Willkür der Menge preisgegeben. Doch er vertieft seine Kenntnisse der arabischen Sprache und der islamischen Religion und kehrt bald nach Saint-Louis zurück. Die französischen Behörden verweigern ihm jegliche Unterstützung, um nach Timbuktu zu reisen. Er beginnt also, auf einer Indigoplantage in Sierra Leone zu arbeiten. Dort wendet er sich an die Engländer, die ihm wohlwollend zuhören, jegliche Unterstützung aber ablehnen, um nicht die Unternehmung des Majors Laing in den Schatten zu stellen, der genau den gleichen Plan wie Caillié verfolgt. Dieser nimmt keinen Anstoß daran; er ist zwar vollkommen auf sich allein gestellt, erfährt aber, dass die *Société de Géographie* in Paris einen Preis für den ersten Europäer, der Timbuktu erreicht, ausgeschrieben hat; und trotz Laings Vorsprung schwört er sich, dass er derjenige sein wird, all den Tücken zum Trotz, die sein Weg seit seiner Ankunft im Senegal für ihn bereithielt. Während seines Aufenthalts in Freetown arbeitet er ein Szenario aus, das sein Vordringen ins Landesinnere plausibel erscheinen lassen soll: Er gibt sich als gebürtiger Ägypter aus, der gegen seinen Willen entführt und seiner Familie in jüngsten Jahren von der französischen Armee entrissen wurde. In Frankreich großgezogen, sei er nun in den Senegal zurückgeschickt worden, um eine Angelegenheit für seinen Herrn zu klären. Doch er wolle die Gelegenheit ergreifen, nach Ägypten zurückzukehren, um herauszufinden, ob seine Eltern noch am Leben sind und um seine ursprüngliche Religion wieder anzunehmen – was ihn nicht davon abhält, sich inbrünstig an den Gott der Christen zu wenden, um dessen Segen für seine Reise zu erhalten.

Am 19. April 1827 unternimmt er als Teil einer kleinen Karawane die ersten Schritte in Richtung Timbuktu. Man schreibt ihm die Fähigkeiten eines Heilers zu, was eine Vielzahl an Kranken, die seine Dienste in Anspruch nehmen wollen, zur Folge hat. Er nimmt sich ihrer bereitwillig an, gerührt, dass er trotz seiner bescheidenen Stellung plötzlich zum Arzt ernannt wird. Die Führer, überzeugt von der Aufrichtigkeit Cailliés, verbreiten am Wegesrand die Legende von seiner christlichen Gefangenschaft und seiner Rückkehr in den Schoß des Islams, was ihm im Allgemeinen das Mitgefühl seiner Weggefährten einbringt. Nach und nach ruft seine Hautfarbe immer größer werdendes Erstaunen hervor. Überschwemmungen erschweren das Vorankommen. Mutlosigkeit und Verzweiflung ergreifen ihn, doch er gibt nicht auf. Der aufgeweichte Boden macht das Tragen von Sandalen unmöglich, er geht also barfuß, und schon bald machen ihm Wunden an den Füßen zu schaffen. Im August, als er bereits ein Drittel der Strecke hinter sich gebracht hat (es bleiben noch 700 Kilometer zurückzulegen), bekommt er Fieber; die Füße übel zugerichtet, gibt er sein Vorhaben auf, ein von Flüssen und Sümpfen durchzogenes Land zu Fuß durchqueren zu wollen. Er hofft, einige Tage später mit der nächsten Karawane zurückkehren zu können, aber die Geschwüre an seinen Füßen sind weit von der Heilung entfernt und breiten sich aufgrund der Feuchtigkeit weiter aus. Der Regen fällt ohne Unterlass. Er wird von einer alten Frau beherbergt, die ihn hingebungsvoll pflegt. Im September lässt der Regen nach, und seine Wunden beginnen, sich zu schließen. Der Aufenthalt in Timé ist qualvoll, nicht nur wegen der Verletzungen und der erzwungenen Unbeweglichkeit, sondern auch aufgrund der zahlreichen Bittsteller aus dem Dorf, die sich an ihn wenden weil sie ihn für außerordentlich reich halten, und ihn jeden Tag aufs Neue aufsuchen.

Mitte November ist das Geschwür endlich verheilt, und er bereitet sich darauf vor, sich für die zweimonatige Reise nach Jenné der nächsten Karawane anzuschließen. Aber er wird von einem schweren Skorbutanfall niedergestreckt. »Das Fleisch an meinem Gaumen verschwand, Knochenteile lösten sich ab und meine Zähne schienen in den Zahnhöhlen keinen Halt mehr zu finden. Ich litt ein Martyrium. Hinzu kam die Angst, dass mein Gehirn durch die entsetzlichen Schmerzen in meinem Kopf angegriffen werden könnte. Über zwei Wochen lang fand ich keinen Schlaf. Zu allem Umglück riss auch noch die Wunde an meinem Fuß wieder auf und in mir starb jede Hoffnung, je wieder von hier wegzukommen.«[124] Er trägt entstellende Narben davon, die ihm ein abschreckendes Äußeres verleihen; in der Folge wird er zum Essen oft allein in eine Ecke geschickt, um nicht der Wut und dem Ekel der anderen ausgesetzt zu sein. Die alte Frau umsorgt den Kranken weiterhin, der sich in seiner totalen Erschöpfung nur noch nach dem Tod sehnt. Während sein Leiden ihn überwältigt, geht die trockene Jahreszeit zu seiner Verzweiflung vorüber. Anfang Januar, endlich genesen, macht sich Caillié trotz der Ermattung durch die lange Unbeweglichkeit wieder auf den Weg. Sein Traum von Timbuktu brennt noch immer in ihm. Wieder wird er zum Ziel von Beleidigungen der Menschen, die seinen Weg kreuzen, belästigt, verachtet; man fragt ihn andauernd nach Geschenken.

Am 13. März geht er an Bord einer Piroge, es folgt eine ereignisreiche Reise bis vor die Tore Timbuktus. Am 20. April 1828 verwirklicht der arme Junge aus Mauzé allem und jedem zum Trotz seinen Traum und betritt die Stadt. »Ein unbeschreibbares Glücksgefühl ermächtigte sich meiner, als ich diese sagenumwobene Stadt betrat. Niemals zuvor hatte ich eine solche Zufriedenheit verspürt. Ich war außer mir vor Freude.« Diese hält allerdings nicht lange an: »Als sich aber die erste Begeisterung gelegt hatte, musste ich feststellen, dass sich mir ein ganz anderes Bild darbot, als ich es erwartet hatte: Ich hatte mir von der Ausdehnung und dem Reichtum der Stadt eine viel großartigere Vorstellung gemacht, als der Wirklichkeit entsprach. Auf den ersten Blick sah ich nur schlecht gebaute Lehmhäuser und um die Stadt herum riesige, wüstenhafte Ebenen mit gelblich-weißem Sand, die bis zum Horizont reichten, der in ein blassrotes Licht getaucht war. Eine bleierne Stille lag über der traurigen Landschaft, nicht ein einziger Vogel war zu hören. Dennoch war es irgendwie beeindruckend, eine so große Stadt inmitten der Wüste erbaut zu sehen und die Anstrengungen ihrer Gründer verdienen Bewunderung.«[125] Caillié erfährt vom Tod des Majors Laing, der 1826 bei seiner Rückkehr nach Freetown getötet wurde; er ist also der zweite Europäer, der Timbuktu betreten hat. Gegenüber dem Major besitzt er jedoch den beachtlichen Vorteil, noch am Leben zu sein. Aber in jedem Augenblick läuft er selbst nicht weniger Gefahr, dass ihn das schändliche Ende eines Betrügers ereilt.

Am 4. Mai verlässt Caillié Timbuktu, um mit einer Maurenkarawane, die Sklaven an die marokkanische Küste bringen soll, die Sahara zu durchqueren. Ihr Anführer ist ein Mann von besonderer Grausamkeit, der diesen letzten Abschnitt der Reise zur Hölle werden lässt. Der Durst wird zu einer Qual, die nicht gelindert werden kann.[126] Seine Misshandlung durch den Anführer führt andere Angehörige der Karawane, sogar die Sklaven, dazu, ihn zu verhöhnen, zu quälen; ihm werden Wasser und Nahrung versagt, man bewirft ihn mit Steinen, man versucht, ihn zu schlagen usw. Er wird zum Prügelknaben der Karawane. Glücklicherweise findet er manchmal Unterstützung durch andere Mauren, die ihn bemitleiden, ihm Wasser und Nahrung geben und das Verhalten ihrer Weggefährten missbilligen. Hunde greifen ihn an und beißen ihn, ihren Herren ist es gleichgültig. Caillié setzt seine Wanderung durch die Nacht fort. Am 14. August, erschöpft und krank, erreicht er Fès, von dort aus bricht er nach Tanger auf, wo er am 7. September ankommt. Dort geht er, nicht ohne Schwierigkeiten, an Bord eines französischen Schoners, der Toulon ansteuert. In Paris wird Caillié für seinen Mut und sein Durchhaltevermögen gefeiert. Er verfasst einen Reisebericht, der 1830 erscheint. Er heiratet und lässt sich in einer Gemeinde in der Champagne nieder, deren Bürgermeister er wird. Seine Frau bringt vier Kinder zur Welt. Seinen Plänen für eine Rückkehr nach Afrika folgen weitere Expeditionsvorhaben, doch aufgrund seines prekären Gesundheitszustands erhält er keine Finanzierung. Noch auf dem Sterbebett träumt er davon, ein weiteres Mal aufzubrechen. Im Jahr 1838, im Alter von 38 Jahren, rafft ihn das Sumpffieber dahin.

Reise zu den Großen Seen

Verweilen wir noch ein wenig länger bei der mythischen Forschungsreise, diesmal von einer außergewöhnlichen Persönlichkeit, Richard Burton, mit seinem Begleiter John Speke durchgeführt. Die beiden hoffen, die Nilquellen zu finden, die Suche gleicht einem Martyrium. Zahlreiche Regionen Afrikas, Asiens oder Lateinamerikas werden auf diese Art erkundet, mit Karawanen unter beschwerlichen physischen und seelischen Bedingungen; Esel, Kamele und Pferde spielen dabei eine wichtige Rolle. Diese Expeditionen zeichnen ein heroisches Bild des Gehens. Im Juni 1856 unternehmen Richard Burton und John Speke, zwei Offiziere der *Indian Army*, unter Schirmherrschaft der *Royal Geographical Society* einen langen Entdeckungsmarsch zu den Großen Seen Ostafrikas, deren Existenz die Europäer anzweifeln. Kennengelernt haben sich die beiden Männer 1854 bei einer ersten Expedition nach Abessinien, in die verbotene Stadt Harar, die Burton dank einer Verkleidung betreten konnte. Die beiden sind gänzlich verschieden: Burton undiszipliniert, aber gebildet, sich stets mit immerwährender Neugier in die Freuden des Lebens stürzend; Speke voller Prinzipien, arrogant und verächtlich gegenüber den Einheimischen, immer ein Gewehr in den Händen, versessen auf die Jagd. Burton, der immer ein offenes Ohr für Gerüchte hat, glaubt, dass diese Seen an der Quelle des Weißen Nils liegen und somit seine Hauptzufuhr sind. Alle vorherigen Expeditionen mussten aufgrund von Fieber, den Sümpfen oder anhaltenden Angriffen der einheimischen Bevölkerung abgebrochen werden. Während eines ersten Versuchs ohne Speke wird die Karawane überfallen, Burton im Gesicht schwer verletzt und ein anderer Engländer getötet, nachdem er aufgeschlitzt und grausam verstümmelt wurde.

Eine Karawane mit einhundertdreißig Männern und dreißig Eseln, bepackt mit Falschgold, Vorräten und Ausrüstung, setzt sich in Bagamoyo, gegenüber der Insel Sansibar, in Bewegung. Jeder der Männer trägt etwa dreißig Kilo auf seinen Schultern, zudem Waffen und persönliche Habe. Die am häufigsten genutzten Wege sind einige Dutzend Zentimeter breit. Geebnet von den Schritten der Menschen in der trockenen Jahreszeit, werden sie beim ersten Regen von dem üppigen Bewuchs des Tropenwaldes zurückerobert. Im Dschungel müssen Tunnel in das Pflanzendickicht gegraben werden, um einen Durchgang zu schaffen, während das Gepäck ununterbrochen an den Zweigen hängenbleibt. Andernorts müssen Sümpfe und Flüsse bis zur Hüfte im Wasser passiert werden. Die Überquerung der Berge erfordert es, felsige Hänge hinaufzuklettern, die einen ständig stolpern lassen und die Männer bei der kleinsten Unachtsamkeit in den Abgrund zu reißen drohen; die Steigung zehrt an den Kräften, und das Gewicht drückt auf die Schultern. Der Weg über die Ebenen verlangt es, dem Brennen der Sonne standzuhalten. Die Nächte hingegen sind eisig kalt. Und immer werden die Männer von Insekten geplagt, von Geschwüren, die aufgrund der Feuchtigkeit nicht heilen wollen. Fieber und Krankheit haben es mit besonderer Vorliebe auf die beiden Engländer abgesehen. Nur wenige Menschen leben in dieser ungesunden von wilden Tieren beherrschten Gegend, sie sehen der Kolonne der vorüberziehenden Reisenden nach.

Nach einigen Wochen ist sogar Burton der Verzweiflung nahe: Nach einer Nacht in Tounda erwacht er mit starken Kopfschmerzen, seine Glieder zittern, die Augen brennen, Erschöpfung, Kälte, Sonne, Regen, Malaria und Verzweiflung machen ihm zu schaffen. Dabei sind dies nur die ersten Schritte eines Marsches, der fast zwei Jahre dauern und seine europäischen Hauptdarsteller die ganze Herbheit Afrikas spüren lassen wird. Man stelle sich vor, zur damaligen Zeit diesen Nahkampf anzutreten, in dem der Mensch nichts als ein Strohhalm ist. Burton beschreibt täglich seine Mutlosigkeit, seine Verbitterung über die Umstände eines Marsches, für den er Spott auf sich gezogen hat, ohne jedoch dem Wunsch nachzugeben, ihn vorzeitig zu beenden. Auf den Strecken der arabischen Sklavenhändler macht die Vegetation den Männern zu schaffen, und sie schreiten mit einem unterschwelligen Gefühl des Entsetzens voran. Die Angehörigen der Karawane bringen die beiden Engländer durch ihre fehlende Disziplin, mangelnde Arbeitsbereitschaft, ständige Querelen, ihr regelmäßiges Verschwinden und kleinere Diebstähle zur Verzweiflung. Die Esel sterben einer nach dem anderen, und die überlebenden erschweren das Vorankommen durch ihren Eigensinn.

Im September 1857 erkranken sowohl Burton als auch

Speke, und die Stimmung erreicht ihren Tiefpunkt. Krankheit und Durst zehren an den Kräften, doch Kriegsrufe von den umliegenden Hügeln lassen keine lange Rast zu. Wenn weder Fieber noch die Fülle an natürlichen Hindernissen sie bedrohen, so sind es die Stammesführer, die das Wegerecht für sich allein beanspruchen und sie ihre Launen spüren lassen; die Engländer haben keine andere Wahl, als sich ihrem Willen zu beugen. Die Insekten geben keine Ruhe: Tsetsefliegen, Bienen und Bremsen lassen nicht von ihren Opfern ab, bis sie verbrüht werden, Termiten vernichten ihre Vorräte und die wertvollsten Güter.

Nach viereinhalb Monaten und neunhundert Kilometern verlustreichen und aufreibenden Marsches erreicht die Karawane Kazeh (das heutige Tabora in Tansania), wo die Araber Handel mit Sklaven und Elfenbein betreiben. Den beiden Engländern wird die Existenz zweier riesiger Seen bestätigt. Nach einer mehrwöchigen Erholungspause nimmt die Karawane ihren Weg wieder auf. Acht Tage später hat sich Burtons Zustand so sehr verschlechtert, dass er in einer Hängematte transportiert werden muss. »Vom Schüttelfrost gepackt, der Körper gelähmt, die Glieder wie mit glühenden Nadeln durchstochen, mir ihre Dienste versagend, gefühllos obgleich der Schmerz mich rasend macht, sehe ich die dunklen Pforten sich öffnen, die ins Unbekannte führen.« Elf Monate lang wird er nicht laufen können und auf Träger angewiesen sein. Zudem ziehen sich die beiden Engländer eine Augenerkrankung zu, die Speke mehrere Wochen lang beinahe blind sein lässt.

Im Februar 1858, nach zahllosen Ausfällen und einer nicht enden wollenden Reihe an physischen und seelischen Bewährungsproben, erreicht das, was von der Karawane noch übrig ist, den Tanganjikasee. Burton vergisst seine Leiden und ist von der Landschaft entzückt. Zum allerersten Mal ist ein Europäer zu diesen Ufern gelangt, an denen die Araber schon vierzig Jahre zuvor mit ihrem finsteren Sklavenhandel Einzug hielten. Die Erkundung des Sees auf der Suche nach einem Fluss, der ihm entspringt (die Männer träumen noch immer vom Nil), erweist sich als schwierig. Zunehmende Spannungen entzweien Burton, durch seine Krankheit außer Gefecht gesetzt, und Speke, der nach einmonatiger Abwesenheit unverrichteter Dinge von einer Mission zurückkehrt, die zum Ziel hatte, ein Boot von einem Sklavenhändler zu mieten.

Burton gelingt es, zu einem hohen Preis zwei Pirogen in bemitleidenswertem Zustand aufzutreiben, und er bricht zu einer langen Erkundung des Sees auf. Laut seinem Begleiter Speke war er so schwach, dass seine Rückkehr unwahrscheinlich schien. Die beiden Engländer entdecken mit Entsetzen, dass der besagte Fluss dem See keineswegs entspringt, sondern in ihm mündet. Sie erfahren jedoch von einem riesigen Sumpfgebiet, das die Überfülle des Sees aufnimmt; Burton wird zwanzig Jahre später erfahren, dass es sich hierbei um den Ursprung des Kongo handelt.

Die Expedition kehrt nach Kazeh zurück. Alle Männer in der Karawane sind in verschiedenem Maße krank: sie leiden unter Fieber, Augenentzündungen, Taubheit, Geschwürbildung, Auszehrung usw. Burton, unfähig sich zu bewegen, Untätigkeit aber ablehnend, erstellt ein Glossar einheimischer Mundarten. Speke langweilt sich, er kann nicht jagen, da die Tiere vor den Menschen stets auf der Hut sind; ihm missfällt dieses Land, dass in seinen Augen nichts ist als »eine weite, stupide Karte, auf der alles gleich aussieht«. Er beschließt, den anderen See zu erkunden, von dem die arabischen Händler gesprochen haben. Nach einem reibungslosen Marsch von fünfundzwanzig Tagen über eine einförmige Hochebene erreicht Speke das Ufer des unermesslich großen Nyanzasees, den er sogleich Victoriasee tauft. Er feiert dieses Ereignis, indem er einige rote Gänse, die auf dem Wasser schwimmen, sowie Vögel, die über den Ufern ihre Kreise ziehen, schießt. Speke triumphiert und kehrt nach Kazeh zurück, überzeugt, die Quelle des Nils gefunden zu haben. Doch Burton ist skeptisch. Er vertritt die Ansicht, dass der Nil aus mehreren Becken gespeist würde. Speke möchte den See noch einmal erkunden, doch der geschwächte Burton spricht sich dagegen aus. Die Vorräte reichen kaum aus, um zurück nach Sansibar zu gelangen, die Beurlaubung von der Armee neigt sich dem Ende zu, der Monsun wird bald eintreffen.

Die vier Monate der Rückreise werden für die beiden schwer kranken Männer zur Qual. Sein gesundheitlicher Zustand zwingt Burton, in Sansibar zu bleiben. Zurück in England, schreibt Speke die Errungenschaften der Entdeckungsreise sich selbst zu und beteuert seine Überzeugung, die Quelle des Nils gefunden zu haben; er spielt die Leistungen Burtons herunter und bereitet sogar eine weitere Expedition vor, ohne seinen ehemaligen Gefährten darüber auch nur in Kenntnis zu setzen. Eine heftige Auseinandersetzung bringt die beiden Männer gegeneinander auf. Ein unglückseliger ehemaliger Rivale von Burton nimmt Rache und prangert ihn öffentlich zugunsten Spekes an: »Burton ist seiner nicht würdig und hat nichts Vergleichbares geleistet, doch wird er den Ruhm seiner Entdeckungen laut herausposaunen. Speke arbeitet, während Burton den ganzen Tag herumliegt und andere für sich schuften lässt.« Burton antwortet darauf: »Während der Expedition war er mein Untergebener und hätte etwas anderes nicht sein können ... Da er ja weder Arabisch, Belutschi noch die afrikanischen Dialekte beherrschte ... Wie kann ich etwas anderes als Empörung empfinden, wenn er sich anmaßt – obgleich er mir versichert hatte, dass er meine Rückkehr abwarten würde, ehe er der *Society* vorstellig würde –, sich selbst die Entdeckung zuzuschreiben, die ich vorbereitet habe.«[127] Die *Royal Geographical Society* schlägt eine Schlichtung vor, doch Speke stirbt, kurz bevor seine Darstellung der Geschehnisse gehört werden kann – ein Jagdunfall oder, so scheint es einleuchtender, Suizid. Spätere Expeditionen von Stanley und Livingstone und dann von Stanley allein bestätigen die Überzeugung Spekes; der Viktoriasee ist tatsächlich das Becken des Weißen Nil, der Tanganjikasee das des Kongo. Im Verlauf dieses tragischen Marsches haben die beiden Männer die Quellen der größten afrikanischen Flüsse gefunden.[128]

Derartige Erkundungsmärsche spielen sich auf Messers Schneide ab, sie setzen in jedem Augenblick Menschenleben aufs Spiel, sie zwingen zu unendlicher Geduld und stellen eine ungeheure körperliche und seelische Belastung dar. Der Marsch verändert sich, je nachdem, ob man Esel oder Kamele mit sich führt, er wird nicht um seiner selbst willen durchgeführt, sondern aufgrund mangelnder Alternativen, um derartige Expeditionen zu einem erfolgreichen Abschluss zu führen. Sie konfrontieren über einen langen Zeitraum hinweg mit der Ungeduld, endlich das Ziel zu erreichen und zugleich dem Martyrium ein Ende zu machen, in das solche Reisen sich allzu oft verwandeln. Das einzig Wichtige ist, voranzukommen und sich auf den eigenen Körper zu verlassen, komme was wolle. Jede Verzögerung, die bei weitem keine willkommene Abwechslung ist, erscheint als Hindernis und Zeitverschwendung, zehrt an den Ressourcen, schlägt auf die Stimmung. Nur das Ziel der Reise zählt – nicht die Art und Weise, wie man dorthin gelangt.

Weg nach Smara

Michel Vieuchange träumt davon, einen Ort zu bereisen, der zwischen dem marokkanischen Süden und Mauretanien liegt, den Plünderern der Wüste preisgegeben. Kein Reisender hat sich nach Camille Doubs, der von seinen Führern ermordet wurde, in diesen Bereich der Sahara gewagt, in dem alles Europäische vollkommen unbekannt ist. Selbst die Karawanen, die vom Atlasgebirge nach Timbuktu ziehen, meiden diese gefährliche Gegend, in der Kampf und Erpressung an der Tagesordnung sind. Im September 1929 fassen Vieuchange und sein Bruder den Entschluss, sich als erste Europäer nach Smara zu begeben, eine mythische Stadt inmitten der Wüste und der Gefahr. Michel Vieuchange schließt sich einer Karawane an, allerdings in der Verkleidung einer Berberfrau, um dem sicheren Tod zu entgehen, den eine Offenlegung seiner wahren Identität zur Folge hätte. Er wird, genau wie Caillié, nicht enden wollende Qualen kennenlernen: Krankheit, Fieber, das brutale Aufeinanderfolgen von Hitze und Kälte, vor allem aber Verachtung, Verrat und Erniedrigung. Sein Bruder Jean wacht aus der Entfernung über das Schicksal des Reisenden. Zwei Monate wird Michel leidvolle eintausendvierhundert Kilometer vor allem zu Fuß, manchmal auf dem Rücken eines Kamels, inmitten feindseliger Begleiter zurücklegen. Seine Führer sind eingeweiht, sie werden von den beiden Brüdern bezahlt. Von Anfang an klagt Vieuchange, der heimlich sein Tagebuch mit sich führt, das nach seinem Tod veröffentlicht werden wird, über geschwollene Füße und Schürfwunden, doch er beharrt auf seinem Willen, die Prüfungen, die er sich selbst auferlegt hat, um Smara zu erreichen, zu erdulden. Der Schmerz ist das zu erbringende Opfer für den Erfolg seiner Expedition.

Bald sind seine Fußsohlen wund gescheuert, und er kann nicht mehr gehen, ohne dass ihm jeder Schritt heftige Schmerzen bereitet. Hitze und Trockenheit wechseln sich mit eiskalten Nächten ab, Rheuma breitet sich in seinen Fingern aus. Im Gegensatz zu den Arabern, die ihn auf seinem Weg begleiten, ist sein Körper nicht an die quälenden Anstrengungen gewöhnt, die er Stunde um Stunde, Tag für Tag aufbringen muss. Er ist nicht für die extreme Rauheit der Umgebung geschaffen. Das Tagebuch verschweigt dieses lange Leiden nicht noch die Furcht vor einem möglichen Überfall, die in der Karawane allgegenwärtig ist und zu anhaltender Vorsicht zwingt. Um einem Gefecht zu entgehen, muss manch Steilhang in der Nacht überwunden werden; bald fällt die Dunkelheit, während Vieuchange, panisch vor Angst zu stürzen nicht mehr weiß, wie er mit seinen offenen Füßen, die die geringste Berührung nicht mehr ertragen, weitergehen soll. Aber er schafft es trotz allem, krank vor Schmerz.

Eines Abends kommt die Karawane an einem Mann vorbei, der ein gebrochenes Bein und eine Kugel in der Brust hat. Seit zehn Tagen liegt er so im Sterben. Die Strecke wird noch schwieriger, sie müssen täglich Etappen von vierzig

Kilometern zurücklegen, der Gefechte wegen ohne Kamele, mit wenig Wasser unter der glühenden Sonne. Doch Vieuchange ist bereit, diesen Marsch weitere zehn Tage durchzuhalten, um Smara Tag für Tag ein Stück näherzukommen. Die Erschöpfung macht das Schlafen bald unmöglich, Ungeziefer krabbelt über seine Haut. In einer Nacht tötet er zweitausend Stück. Unweit der Karawane fordern die Kämpfe regelmäßig Opfer. Die Führer scheinen geheime Machenschaften zu hegen, sie jagen Vieuchange damit zwar keineswegs Angst vor dem Tod ein, die er nie zu empfinden scheint, jedoch Angst davor, nach allem, was er erlitten hat, Smara zu verfehlen.

Man stiehlt ihm sein Fernglas und seine Umhängetasche, erpresst ihn mehrfach, er muss täglich dafür kämpfen, dass die Route nicht hinterrücks geändert wird. Die Hartnäckigkeit und Willensstärke Vieuchanges sind erstaunlich angesichts der Vielzahl an Hindernissen, mit denen seine Weggefährten, die Gefechte, die Wüste und die Unzulänglichkeiten seines eigenen Körpers ihn konfrontieren, ähnlich wie bei Caillié. »Das Schlimmste kann nicht andauern«[129], schreibt er, nicht ahnend, was ihm noch bevorsteht. Inmitten dieser Not erlebt Vieuchange Momente tiefen Glücks, wenn er von Smara träumt: »Endlich in der Mitte, im Herzen der Tat zu sein, welche Kraft, welche Freude erweckt dies Gefühl. Der Kopf möchte trotz aller Leiden und Schmerzen, trotz Sonne und Durst vor Freude zerspringen.«[130] Manchmal harrt er längere Zeit in einer Tragetasche aus, um sich vor benachbarten Stämmen zu verbergen, den Körper stundenlang eingeklemmt, von Übelkeit geplagt. Die körperliche und seelische Zermürbung tut ihr Übriges, und bald »verliert der Gedanke an Smara jeglichen Reiz. Ich selber trockne gleichsam aus: mein Kopf zieht sich zu dem einzigen Wollen zusammen, das mich hart und unwiderruflich ergriffen hat: ein Ende zu machen, das Ziel zu erreichen.«[131]

Am Tag nach Allerheiligen 1930 erreicht er Smara, die verlassene Stadt im Wüstensand, er denkt an Cailliés Ankunft in Timbuktu, doch seinem Bericht fehlt die anfängliche Begeisterung. »Smara ist eine tote Stadt mit wenigen Häusern, fast alles öffentliche Gebäude: eine Moschee, zwei Kasbahs. Die Oase ist halb zerstört, eher noch: dreiviertel.«[132] Später hingegen, als er seine Empfindungen noch einmal überdenkt, erinnert er sich, eine verfallene Moschee betreten zu haben, »auf dem einst heiligen Boden, der zum Niederknien bestimmt war und den ich betrat als ein Mensch, der nur um zu sehen gekommen war, da spürte ich, wie eine Wärme in mir hochstieg und mein Herz überflutete«.[133]

Er bleibt nur drei Stunden in der toten Stadt, von seinen Begleitern gedrängt ist er bald erneut in der Tasche verschnürt und Misshandlungen ausgesetzt. Er träumt von der Rückkehr: »zu der tiefen, wunderbaren Freude, die dem erneuerten Leben, das einen kühnen Weg begann, entspringt – doch davon will ich nicht sprechen –, zu dieser Freude gesellt sich der Traum anderer Vergnügen – sofort ein warmes Bad – die erste Minute der Heimkehr – das erste Mahl – die erste Nacht. Kein Ungeziefer mehr, nicht mehr zu heiß oder zu kalt. In einem Bett schlafen. Essen. All das wiederzufinden nach zwei sehr harten Monaten und nach vollbrachter Tat.«[134] Er hat einen erstaunlichen, erhellenden Traum. Er muss Smara suchen. Ein Reisender geht ihm voraus, den er sofort erkennt: Es ist René Caillié, beide sind froh, einander zu treffen. Sie betreten die Stadt gemeinsam. Doch diese ist eine Art Steinbruch, der von unzähligen Spinnweben bedeckt ist. Vieuchange erkundet eine Vertiefung, als er laut die verworrendsten Texte von Rimbaud hört, die er sofort versteht. Und Caillié wird zu Rimbaud. Beide einsamen Wanderer sind Vieuchange brüderlich in den Tod vorausgegangen. Einige Stunden nach dem Wiedersehen mit seinem Bruder wird Michel Vieuchange von der Ruhr dahingerafft.

Urbanes Gehen

Sich in einer Stadt nicht zurechtzufinden, heißt nicht viel. In einer Stadt sich aber zu verirren, wie man in einem Walde sich verirrt, braucht Schulung. Da müssen Straßennamen zu dem Irrenden so sprechen wie das Knacken trockner Reiser und kleine Straßen im Stadtinnern ihm die Tageszeiten so deutlich wie eine Bergmulde widerspiegeln.
Walter Benjamin[135]

Der Körper der Stadt

Die Beziehung des gehenden Menschen zu seiner Stadt, ihren Vierteln und Straßen, ob sie ihm bekannt sind oder er sie im Laufe seiner Schritte kennenlernt, ist zunächst eine emotionale Beziehung und eine sinnliche Erfahrung. Ein klanglicher und visueller Hintergrund begleitet sein Umherstreifen, seine Haut nimmt Temperaturschwankungen wahr und reagiert auf Berührung mit Gegenständen oder dem Raum an sich. Er durchquert Schwaden von unangenehmen Gerüchen oder Düften. Diese sensorische Grundlage verleiht dem Dahinwandern durch die Straßen einen angenehmen oder unerfreulichen Klang, in Abhängigkeit der Umstände. Die Erfahrung des urbanen Gehens fordert den Körper in seiner Gänze, es ist ein ständiger Einsatz des Sinns und der Sinne. Die Stadt befindet sich nicht außerhalb des Menschen, sie ist in ihm, sie erfüllt seinen Blick, sein Gehör und seine anderen Sinne, er macht sie sich zu eigen und wirkt auf sie ein, je nachdem, welche Bedeutung er ihr zuspricht. »Schon seit Jahren träume ich davon, einen »Plan von Paris« zu schreiben für sehr geruhsame Leute,« schreibt Léon-Paul Fargue, »das heißt für Spaziergänger, die Zeit zu verlieren haben und Paris lieben. Und seit Jahren nehme ich mir vor, diese Reise mit einer Untersuchung meines eigenen Quartiers zu beginnen, von der Gare du Nord und der Gare de l'Est nach La Chapelle, und nicht nur, weil wir uns seit fünfunddreißig Jahren nicht verlassen, sondern weil es eine besondere Physiognomie hat und weil es verdient, gekannt zu werden.«[136] So hat jeder Städter seine bevorzugten Plätze und eingeschliffenen Strecken, die er zwischen seinen Tätigkeiten immer wieder gleich zurücklegt oder je nach Laune variiert, abhängig vom aktuellen Wetter, seinem Bedürfnis, zu flanieren oder sich zu beeilen, den unterwegs zu erledigenden Besorgungen usw. Um jeden Einwohner breitet sich so eine Unzahl von Wegen aus, die an seine tägliche Erfahrung der Stadt geknüpft sind, die Viertel, in denen er arbeitet, Behördengänge erledigt oder die Bibliothek besucht, in denen seine Freunde wohnen, diejenigen, die er in seiner Kindheit oder in anderen Lebensabschnitten gekannt hat. Es gibt auch Bereiche, die für ihn im Schatten liegen: Orte, die er nie aufsucht, weil sie mit keiner seiner Tätigkeiten zusammenhängen, ihm keinen Anreiz bieten; höchstens durchquert er sie manchmal mit dem Auto, ohne jedoch große Lust zu verspüren, dort anzuhalten; manche Orte jagen ihm aufgrund ihrer baulichen Gestaltung Angst ein.

»Unterdessen kann man sicher sein, dass man mich in Paris trifft, ohne dass drei Tage vergehen, mich am späten Nachmittag am Boulevard Bonne-Nouvelle zwischen der Druckerei des *Matin* und dem Boulevard de Strasbourg auf- und abgehen sieht. Ich weiß in der Tat nicht, warum meine Schritte mich dorthin tragen, warum ich mich fast immer ohne ein Ziel dorthinbegebe, ohne irgendetwas Zwingendes, es sei denn, ein dunkles Etwas, ein dunkles Wissen, dass *das* (?) geschehen wird.«[137] Für denjenigen, der sie schon kennt oder ein wenig mit ihren Straßen vertraut ist, hat jede Stadt ihre magnetischen Pole, zu denen es den Gehenden zieht, sobald er einen Fuß vor die Tür setzt, sogar nach langer

Abwesenheit: die Buchhändler auf dem Boulevard Lemonnier in Brüssel, das Loire-Ufer in Tours, das Quartier Latin in Paris, die Ill und das Münster in Straßburg, ein Café in Rom oder Neapel, ein Platz in Lissabon, ein Boulevard, eine Straße, ein Laden, eine Bank, ein Haus ... Diese Anziehungskraft ist mit der persönlichen Geschichte verknüpft, der Kindheit, dem friedlichen Augenblick auf einer Caféterrasse, dessen Wunder man zu wiederholen sucht, der Atmosphäre einer Straße, eines Viertels, eines Namens, der einen beschäftigt, eines Gesichts, das man früher einmal irgendwo flüchtig gesehen hat, eines Museums ... Gerade jemanden, dem die Stadt vertraut ist, überraschen diese Vorlieben manchmal, sie bringen ihn zum Schmunzeln und lassen ihn über den Geschmack seines Gesprächspartners nachdenken. Doch jeder sieht die Dinge auf seine Weise. Jede Stadt ist subjektiv.

Eine andere Möglichkeit, sich selbst zu erkunden, während man eine Stadt durchstreift, besteht darin, sich nach Art der Surrealisten durch ihre Straßen treiben zu lassen. In den sechziger Jahren folgen die Situationisten diesem Anreiz und beschreiben das Sich-treiben-Lassen als Technik der eiligen Durchquerung verschiedener Atmosphären. Auch wenn der Städter sich aus einem bestimmten Grund auf den Weg macht, kann es ihm passieren, dass er nicht mehr auf seine Schritte achtet und sich allein von seiner Stimmung leiten lässt.[138] Der Reisende seinerseits versucht, die Stadt zu entdecken, indem er seinen eigenen Weg erfindet, auch wenn er manchmal eine Karte zur Hilfe nimmt, um Orte zu identifizieren, an die er später vielleicht gezielt zurückkehren wird. Dies ist der Gang des Flaneurs, eines Menschen, für den die Stadt keine Grenzen hat, außer der Anziehung durch den Magnetismus der Orte. Er bewegt sich außerhalb seiner persönlichen Gewohnheiten, er vernachlässigt das Geflecht seiner üblichen Strecken, geht darüber hinaus, vergisst und überschreitet es.

Der Flaneur geht durch die Stadt, wie er durch einen Wald gehen würde, immer bereit für Entdeckungen. Er geht »auf dem Asphalt botanisieren«[139], lauert Gesichtern und Orten auf, stets auf der Suche nach Kuriositäten. Er ist das genaue Gegenteil des wunderbaren Henri Calets, der auf der Suche nach fallen gelassenem Kleingeld die Augen starr auf den Rinnstein gerichtet hat und der offensichtlich der Einzige ist, der fündig wird und sich selbst dazu beglückwünscht, da seine Nachahmer, die nie irgendetwas finden, es irgendwann leid werden und zum Treiben auf den Straßen aufblicken.[140] Der Flaneur folgt seiner eigenen Melodie, seiner gefühlsmäßigen Anziehung, geleitet durch die momentane Intuition, die vorausgeahnte Atmosphäre eines Ortes, immer ungezwungen und frei, umzukehren oder unvermittelt abzubiegen, wenn der eingeschlagene Weg seinen Erwartungen nicht gerecht wird. Er steht mit dem Geist der Orte in Verbindung und gewinnt die Gunst des nachfolgenden Geistes für sich, wenn er eine geografische Schwelle überschreitet, die er noch nicht wahrnimmt, die sich aber auf den Klang des Seins auswirkt. Es geschieht ihm auch manchmal, dass er das Zweitrangige einer Gegend missbilligt, da sie ihn traurig stimmt. Ein Weg ist nie zweimal gleich lang und zeigt nie zweimal das gleiche Stadtbild, er verändert sich mit der Gefühlslage, in der er beschritten wird. Der Grad der Ermüdung, Eile oder Aufnahmebereitschaft lässt ihn mehr oder weniger angenehm erscheinen. Seine Objektivität wird immer durch die Atmosphäre des Augenblicks gefiltert, er ist eine Aneignung durch den Körper, niemals reine Physiologie, sondern auch Psychologie oder eher emotionale Geografie. Das urbane Gehen ist zweifelsohne auch eine Gewohnheit des Körpers, heute gehe ich unter der glühenden Sonne im schweißgetränkten Hemd endlos durch die Straßen Kalkuttas oder Bombays wie früher in den Straßen von Rio de Janeiro, Lissabon oder Rom; ermüden lässt einen weniger die körperliche Anstrengung, sondern eher die unersättliche Neugier. Ich kann mir für meinen Teil keine andere Inbesitznahme einer Stadt vorstellen als durch den Körper, der Fügung der Straßen und der Stimmung folgend.

Das Flanieren gibt der Kunst, durch die Stadt zu gehen, einen Namen. »Die Straße wird zur Wohnung für den Flaneur, der zwischen Häuserfronten so wie der Bürger in seinen vier Wänden zu Hause ist. Ihm sind die glänzenden emaillierten Firmenschilder so gut und besser ein Wandschmuck wie im Salon der Bürger ein Ölgemälde; Mauern sind das Schreibpult, gegen das er seinen Notizblock stemmt, Zeitungskioske sind seine Bibliotheken und die Caféterrassen Erker, von denen er nach getaner Arbeit auf sein Hauswesen heruntersieht.«[141] Der Wald der Passanten und Gesichter ist dem Scharfsinn des Flaneurs feilgeboten, der von ihrem Verständnis und glücklichen Zufällen lebt und der weiß, dass das Beste und das Schlimmste stets Hand in Hand gehen, mit all der Schrägheit, die ihre Erscheinung bereithält. Walter Benjamin erinnert daran, dass der Kriminalroman seinen Ursprung in der Stadt hat.[142] Baudelaire beschreibt den Beobachter als einen Prinzen, der sich inkognito unter die Menschen begibt.[143] Der Flaneur ist ein Amateursoziologe, aber auch ein potenzieller Romancier, Journalist, Politiker, ein Anekdotenjäger – mit immer wachem Geist und stets gelassen. Der Geschmack und die Feinheit seiner Beobachtungen verlieren sich sobald in der Vergessenheit, wenn ihm nicht eine Pause in einem Café die Gelegenheit bietet, sich ein paar Notizen zu machen und seinen Blick zu professionalisieren, oder das Ohr eines Verbündeten zur Verfügung steht, um seine Kommentare aufzunehmen.

Die Stadt existiert nur durch die Schritte ihrer Bewohner oder Besucher, die sie erfinden, indem sie sie mit ihren Streifzügen beleben, mit ihren Begegnungen, Einkäufen, Besuchen von Kultstätten, Ämtern, Bahnhofshallen, Festsälen, Cafés, Freizeiteinrichtungen usw. Die Passanten sind Anzeichen ihrer Lebendigkeit oder Trägheit, der Freude oder Langeweile, die sie hervorruft. Der Fluss der Zeit skandiert die besonderen Momente ihrer Tätigkeiten. Das Morgengrauen streut mehr oder weniger vereinzelte Passanten in die Straßen, noch schläfrig und raschen Schrittes gehend, weil sie ihren Schlaf nicht rechtzeitig beendet haben. Um Verspätungen zu vermeiden, eilen sie sich und haben kaum Zeit, die Blicke schweifen zu lassen. Die Straßen sind leer, abgesehen von einigen verspäteten Nachtschwärmern oder Frühaufstehern. Später stoßen Schüler und Studenten zu den Reihen derjenigen, die sich zur weniger frühen Stunde zur Arbeit begeben. Dann beleben sich die Straßen, die Läden öffnen ihre Türen, der Straßenverkehr verdichtet sich, dann kommen die Spaziergänger, diejenigen, die freie Zeit zu vertrödeln oder Einkäufe zu erledigen haben. Der Strom der Fußgänger verstärkt sich bis zum Mittag und nimmt dann ab. Im Sommer sind die Caféterrassen vollgestopft mit Menschen, die den Passanten genauso viel Aufmerksamkeit schenken wie ihren Tellern und Gläsern. Gegen Abend leeren sich die Straßen allmählich, nur die Feiernden und Nachtschwärmer bleiben zurück und diejenigen, die von einem Besuch bei Freunden oder aus einem Restaurant kommen, die es eilig haben, nach Hause zu kommen oder den Moment des Abschieds noch herauszögern. Die Nacht verwischt Grenzen, befreit die vertraute Bedeutung der Dinge und ruft die Lust auf Abenteuer oder die Angst vor dem Unbekannten hervor. Gefahren scheinen in der Umgebung zu lauern. Die verhältnismäßige Stille, die in den Straßen herrscht, und die geringe Anzahl vorbeifahrender Autos sind andere Gründe für das Gefühl der Fremdartigkeit.

In einem Dialog von Platon gehen Sokrates und sein Schüler Phaidros gemeinsam in Richtung der Tore Athens. Sokrates bewundert die Schönheit der Landschaft. Phaidros wundert sich darüber: »So wenig wanderst du aus der Stadt über die Grenze, noch auch selbst zum Tore scheinst du mir hinauszugehen.« Sokrates stimmt ihm zu und rechtfertigt sich: »Dies verzeihe mir schon, o Bester. Ich bin eben lernbegierig, und Felder und Bäume wollen mich nichts lehren, wohl aber die Menschen in der Stadt.«[144] Sokrates ist kein Freund des stillen Nachsinnens über die Welt, sondern der lebhaften Unterhaltung inmitten der Stadt. Das urbane Gehen ist voller überraschender Anblicke und entfacht die Neugier unaufhörlich. Unablässig kommt es zu einer Menge kleiner Ereignisse. Manche Passanten empfinden Freude oder Befangenheit, ihrer ansichtig geworden zu sein, sie geben Anlass zum Träumen oder Traurigsein, der Blick wird nicht müde, ihre unendliche Vielfalt zu erfassen; dazu gehört auch der Anblick der Straßen, Häuserfassaden, Fenster, Plätze, Denkmäler, Friedhöfe, Kirchen, Kathedralen, Moscheen, Verkaufsstände usw.

Jedes Gehen ist jahreszeitlich bedingt und konfrontiert mit dem Kreislauf der Gerüche, des Lichts, der Bäume, dem

Füllstand der Wasserläufe, der umgebenden Temperatur, die den Klang des Bezugs zur Welt beeinflussen. Ebenso Konstanten und Kapriolen des Wetters, geboren aus der Erfahrung von Schneefall, Glatteis, Hagel, Regen, Laub oder Schlamm, die zu einem neuen Verhältnis des Körpers zur Stadt führen, das plötzliche Auftauchen neuartiger Empfindungen oder der Verweis auf eine intime Erinnerung aus einer anderen Zeit in einem ähnlichen Rahmen oder ganz woanders. Veränderungen der Tagesdauer im Laufe des Jahres: die kurzen Stunden des Winters, die bei den üblichen Aktivitäten die Nacht, den Morgen und den Abend ineinandergreifen lassen, und lange Sommertage, an denen das milde Wetter dazu verleitet, den Moment der Rückkehr nach Hause noch hinauszuzögern und sich in einem der zahlreichen Straßencafés einzufinden.

Gewiss, »die Stadt lässt uns vergessen, dass die Erde rund ist«, wie Pierre Sansot feststellt[145], sie entzieht uns der Erde, den Hügeln, Wäldern und Feldern. In einem Dorf, so schreibt Alain sinngemäß, haben sich die Menschen mit der Sonne, dem Wind, den Quellen und den Erhebungen abgefunden, sie haben in einem empfindsamen und intensiven Verhältnis zu ihrer Umgebung eine Handvoll Häuser errichtet. Die Stadt hingegen hat allen Erdboden bedeckt, um Platz für Glas, Asphalt und Beton zu schaffen. Der Wechsel der Jahreszeiten in der freien Natur verwandelt sich in Zeichen im urbanen Raum: das veränderte Angebot der Marktstände (wenn auch immer weniger, da moderne Konservierungstechniken es uns erlauben, im Winter geschmacklose Erdbeeren und Pfirsiche zu essen), die allgemeine Atmosphäre in der Stadt, die Kleidung der Passanten, einige Gerüche, das Laub an den Bäumen – eine Handvoll flüchtig wahrgenommener Hinweise. Eigentlich hat die Stadt mit den Jahreszeiten nichts zu schaffen, sie zeigt dem Vorbeigehenden ihre eigene Chronologie, die eine andere Reihenfolge hat, sie feiert die Urbanität, nicht die Ländlichkeit. Lichter und Girlanden zu Weihnachten, Feuerwerk zum Jahreswechsel, das Auftauchen von Caféterrassen auf den Bürgersteigen, die Dekoration der Schaufenster, Umstellung der Bilder auf den Werbeplakaten je nach Verkaufssaison usw., das Zelebrieren der Ware und des Zusammenlebens statt der Metamorphosen der Natur. Die Liebhaber der Stadt bedauern das Verschwinden der Besonderheiten, die es vor zwanzig Jahren noch gab, die eine Stadt auf den ersten Blick von den anderen unterschied. Jetzt gibt es überall die gleichen Läden, fast überall die gleichen Händler, die gleichen Restaurants, die gleichen Kinos, die gleiche Vernichtung von Freiräumen durch die Forderungen des Autoverkehrs. Pierre Sansot beklagt berechtigterweise die Vereinheitlichung der Städte und Landstriche: »Als ich in Brest ankam, hatte ich den Eindruck, in einer Hafenstadt oder zumindest nah beim Meer zu sein: Ich ging spazieren inmitten der Couscousserien, der elsässischen Brasserien, Fast-Food-Ketten und Crêperien, die zu allem Überfluss noch nicht einmal bretonisch waren. Ich hätte also früher Grund zum Staunen gehabt, dass die Dinge so lange an ihrem Platz geblieben waren und noch ungefähr dem Bild geglichen hatten, das sie abgaben.«[146]

Wenn das urbane Gehen jahreszeitlich bedingt ist, hängt es auch von der gebotenen Anziehungskraft der Straßen ab, der Einladung, die sie rundum aussprechen, oder der Ablehnung, die sie der Neigung des Flaneurs entgegensetzen. In einigen rein funktionalen Vierteln, Räume belangloser Anhäufung für den Menschen, ist das Zuhause privilegiert – kein vorbeigehender Tourist oder Reisender, der einen dazu bringt, darüber nachzudenken, welche Attraktionen die Stadt wohl für die Augen der anderen bereithält. Die Stadt ist trübsinnig, sie atmet Fadheit, man durchläuft sie wie auf einem ewigen Bußgang. Ebenso die langen Alleen, entweder in vornehmen Wohngegenden oder ganz ohne bewohnbare Gebäude, die unablässig von Autos befahren werden und eine Falle für Fußgänger darstellen, die ihren Fehler zu spät bemerken und gezwungen sind, umzukehren und dieselbe Langeweile ein weiteres Mal zu durchlaufen. Andernorts herrscht reger Betrieb durch Läden, Verkaufsstände, Karusselle, Cafés, Denkmäler, verstreut oder auf engem Raum. Doch die Zelebrierung der Ware ist banal und entwickelt sich dahingehend, in allen großen Städten der Welt vollkommen identisch zu sein.

Die Krümmungen eines Flusses, wie die Loire in Tours, der Ganges in Benares, die Ufer eines Sees wie in Lausanne oder in Udaipur in Indien, Pokhara in Nepal oder Kandy in Sri Lanka, das Glitzern des Meeres wie in Marseille oder Salvador (Bahia), die *Morros* in Rio oder die Berge um Grenoble oder Kathmandu bieten dem Städter eine ewige Fluchtlinie, sie sind die magnetischen Pole der Stadt, der Ort, an den die Schritte des Gehenden ihn immer wieder führen werden. Das Wasser fließt zwischen den Häusern und schreibt den Straßen ihre Anordnung vor, es ist ein Einschub des Heiligen, ein *mysterium fascinans*, das seine Wege magnetisiert und den umgebenden Raum beherrscht. Man verabredet sich dort, von wo aus man auf das Wasser oder die Erhebungen sehen kann, die Denkmäler und Parks, zumindest genauso oft wie in Cafés und Bahnhöfen. Die Erinnerung kehrt zu einzelnen Orten zurück, als wäre die Stadt nur ihre Verlängerung, ihre Schatulle. »Ein Fluss am Rücken einer Stadt ist wie ein Flügel, er mag als solcher noch nicht gebraucht worden sein, könnte sie aber um die ganze Welt tragen. Mit seinem schnellen Strom ist er ein leicht flatternder Flügel. Städte am Fluss sind geflügelte Städte.«[147]

Durch asiatische Städte zu gehen – ich denke hauptsächlich an Indien – konfrontiert mit einer großartigen Unordnung, mit ihren nicht vorhandenen oder aber mit Fahrzeugen, Verkaufsständen und Händlern vollgestopften Bürgersteigen. Außer von Motorrädern, Fahrrädern, Autos und von Büffeln oder Kamelen gezogenen Wagen, Lastwagen, Bussen und Rikschas sind die Straßen auch von Kühen, Ziegen, Hunden, Hühnern usw. und der ganzen bunten Menschenmasse bevölkert. Eine außergewöhnliche Collage, die sich in den allermeisten Fällen zugunsten der Tiere auflöst, vor allem der Kühe, die überall, selbst auf den großen Straßen, auf denen sie sich manchmal zum Ausruhen niederlegen, geachtet werden. Für einen Europäer gibt es überall etwas zu sehen. Auch der Geruchssinn wird auf unterschiedliche Weise angeregt, je nachdem, wo man ist: Es riecht nach Gewürzen, Früchten und verschiedenen Blumen, doch auch nach Abgasen, den Dämpfen brennender Reifen und den vielen Müllhalden. Einige Straßen in Colombo, Madras oder Bombay stinken in solchem Ausmaß, dass ihre Anwohner sie seit Kurzem nur noch mit Taschentüchern oder Masken passieren, um der Luftverschmutzung zu entgehen, die durch die Hitze noch viel unerträglicher wird. Doch an ruhigeren Orten gibt es auch den Wohlgeruch von Räucherstäbchen, die eigentlich immer irgendwo brennen, vor allem auf den Opfertischen am Straßenrand oder in den Tempeln, den Duft eines gekochten Essens …

Weniger von Vorteil ist das Gehör, bei all dem Gebrüll des

Straßenverkehrs und der Fahrer, die nach Gehör fahren und dabei so viel Lärm wie möglich in den überfüllten Straßen ohne Gehweg machen. In jedem Augenblick ein Motorrad, ein Auto, eine Rikscha, ein Bus – alle hupen, um dem Fußgänger ihre Anwesenheit zu signalisieren mit der Aufforderung, den Weg frei zu machen, um einer Kollision vorzubeugen. Doch das Ausweichen gehört bei den Menschen in Indien zu den Grundfunktionen des Körpers. In Nepal oder Sri Lanka geht es im Vergleich schon deutlich weniger aggressiv zu. Überall sind Lautsprecher, die die Straßen mit einer Flut an Musik überschütten. Einen Tempel oder einen Garten zu betreten oder sich unvermittelt in einem Viertel wiederzufinden, zu dem Fahrzeuge aufgrund des Zustands der Straße keine Zufahrt haben, verschafft einen genussreichen Moment der Ruhe und Stille. Was die Haut betrifft, sie leidet unter der drückenden Hitze, die meistens herrscht. Es ist eine Marter, die Kinder überall baden zu sehen, wo es Wasser gibt (leider auch in der Nähe der Abwasserkanäle). Insbesondere in Kathmandu gibt es kein Becken, keinen Teich und vor allem keine *Ghats* für Feuerbestattungen am Wasser, in denen sich keine Kinder tummeln, während der Westeuropäer schweißüberströmt von der Dusche in seinem Hotel träumt.

Rhythmen des Gehens

Der Bürgersteig ist eine chaotische Herberge, die alle Rhythmen des Umherwanderns aufnimmt, den langsamen Schritt der älteren Menschen ebenso wie das überstürzte Rennen der Kinder, die Hast derjenigen, die auf dem Weg zur Arbeit sind, die Gelassenheit der Touristen, die andauernd anhalten, weil sie etwas Interessantes entdeckt haben, den Gang des Flaneurs, der sich mit seinem täglichen Vorrat an Eindrücken versorgt. Diese zahlreichen und sich widersprechenden Rhythmen prallen auf schmalen Gehwegen, in der Enge der Passagen und Durchgänge manchmal aufeinander. Die Notwendigkeit, sich fortzubewegen, treibt die meisten Passanten an, sie sind nicht unterwegs, um bummelnd die Stadt zu erkunden; sie haben eine Verabredung, müssen einen Zug erreichen, schnellstmöglich nach Hause oder rechtzeitig ins Büro kommen. Eine Art standardisierte Gehgeschwindigkeit setzt sich an manchen Orten durch. Und die älteren, körperlich beeinträchtigten Personen oder diejenigen, die ihren Weg suchen oder stehenbleiben, sind dem Risiko ausgesetzt, angerempelt zu werden oder wenig freundliche Worte zugerufen zu bekommen. Die Stadt wird zu einer Sammlung von Strecken, die es zurückzulegen gilt, ohne Zeit zu verlieren. Die Funktionalität hat Vorrang. Ein junger Immigrant aus dem Senegal macht Bekanntschaft mit den Gängen in der U-Bahn: »›He! Achtung, die hetzen alle wie die Verrückten!‹ Mein Freund erklärte mir: ›So ist das hier. Alle sind gehetzt.‹ Es war spät, gegen sechs Uhr am Abend – die Stunde, zu der alle von der Arbeit kommen. Ich sagte: ›Aber ich wurde angerempelt, die schlagen mich hier!‹ Er antwortete, dass das Gedränge zustande kommt, weil alle es eilig haben … Ich fragte: ›Was soll das? Ist ein Krieg ausgebrochen?‹ Mein Freund sagte: ›Nein, das ist kein Krieg, das sind nur die ganzen Leute, die schnell nach Hause wollen.‹«[148] Für den ungeduldigen Menschen ist der eigene Körper, genauso wie die hoffnungslos langsamen der anderen vor ihm, ein Hindernis für sein Vorankommen. Trotz seiner Windungen ist der Gehweg also eine gerade Linie, die ohne Aufschub verfolgt werden will. Georg Simmel spricht zu Recht von einer »Steigerung des Nervenlebens«,[149] die die Stadt mit ihren permanenten und ständig sich verändernden Reizen charakterisiert, ihren Rhythmus, der keine Unterbrechung kennt. Wenn der Eilende die Straße sterben lässt, um aus ihr einen Raum zu machen, der allein der funktionalen Fortbewegung dient, so machen die Kinder dies wieder wett und erfinden sie zwischen den beiden Zwängen Schule und Familie als spielerischen Freiraum neu. »Wenn sie noch recht jung sind, verhalten sie sich dort wie auf einem Pausenhof, das heißt, einem Raum, der nicht linear ist. Sie kommen und gehen. Das Gedränge der Erwachsenen wird Teil ihres Spiels. Sie legen keinen Wert darauf, auf dem kürzesten Weg von einem Ort zum andern zu kommen, sondern von diesem Rinnstein zu jenem Gulli, von dieser Marke zu jenem Raster.«[150] Kinder sind immer unberechenbare Flaneure.

Das Gehen in der Stadt ist eine Erfahrung von Spannung und Wachsamkeit. Die Nähe der Autos ist eine ständige Gefahr, auch wenn ihre Fahrweise von der Straßenverkehrsordnung geregelt werden soll. Man muss vor seiner eigenen Unachtsamkeit auf der Hut sein, die dazu führt, dass man ohne nach links und rechts zu sehen eine Straße überquert oder von der Fahrbahn abweicht. Manche Städte haben überhaupt keinen Bürgersteig und erfordern, dass man neben den Autos auf der Straße geht. In Frankreich jedenfalls hat er weitestgehend sein Bestimmung eingebüßt, den Fußgänger zu schützen und ihm einen Weg abseits des Autoverkehrs zu bieten. Seine Fläche hat sich im Laufe der Zeit stark verkleinert, er ist nicht länger der neutrale Bereich zwischen den Häusern und der Straße, die ihn immer weiter aufzehrt. Einst führte er vollkommen souverän entlang der Schaufenster und Häuser. Doch der wachsende Verkehr und die Überlastung des Raums lassen die Autos über die Bürgersteige herfallen und die kleinen Plätze in Besitz nehmen. Sie werden schwer oder überhaupt nicht mehr begehbar und zwingen die Passanten, die Straße zu benutzen oder Verrenkungen zu vollführen, um weiterzugehen. Ob auf dem Land oder in der Stadt, das Auto ist der Erzfeind des Gehenden. »Der Bürgersteig«, schreibt Jean Cayrol, »ist nicht mehr das Ufer entlang der Fahrbahn.«[151] Im Französischen nennt man die Anwohner eines Hauses an der Straße noch immer *riverains*, also Uferanlieger, doch ist dies nur ein schmerzlicher Anachronismus. Es ist keine Rede mehr davon, so wie früher seinen Stuhl auf den Gehweg zu stellen und dem Strom der Passanten zuzusehen. Der Platz reicht nicht aus. Die Bänke sind manchmal direkt dem Verkehr zugewandt und verleiten kaum dazu, dort zu verweilen, es sei denn, die Ermüdung ist zu groß. Einer solchen Stadt fehlt der Körper, oder vielmehr macht sie den Körper zu einem unliebsamen, störenden Werkzeug, auf das man gut verzichten könnte.

Hören

Wir wandern nicht mehr zwischen den unzähligen Rufen der verschiedenen Gewerbe umher, die abhängig von der Tageszeit den Klangraum der Stadt einnehmen, wie es Proust in *Die Gefangene* beschreibt oder Jules Romains in *Die guten Willens sind*. Die Rufe sind verklungen, vom Getöse der Autos und den wirkungsvolleren Lautsprechern der Geschäfte ersetzt. Wer durch die Stadt geht, schwimmt in einer Klangfülle, die oft als unangenehm wahrgenommen wird. Der Lärm ist ein Ton, der mit einem negativen Wert belegt wird, ein Angriff auf die Stille oder eine gemäßigtere Akustik. Er bereitet demjenigen Unbehagen, der ihn erduldet wie eine Einschränkung seiner Freiheit oder sich von dieser Kundgebung überfallen fühlt, die er nicht steuern kann, die sich ihm aufdrängt und ihn daran hindert, sich friedlich am Raum zu erfreuen. Er ist Ausdruck einer lästigen Überlagerung zwischen sich und der Welt, eine Verzerrung der Verständigung, durch die Bedeutungen verlorengehen und durch eine schmarotzende Information ersetzt werden, die Unbehagen oder Gereiztheit hervorruft. Das Empfinden von Lärm tritt auf, wenn der umgebende Ton die Ausmaße einer Sinneswahrnehmung übersteigt und sich eine Art Angriff aufdrängt, der keine Verteidigung zulässt. Die Stadt ist Synonym von Lärm.

Die Ausbreitung der Technik ist mit dem vermehrten Eindringen des Lärms in das Alltagsleben und mit der zunehmenden Unfähigkeit, sein Übermaß einzudämmen, einhergegangen. Als unerwartete Konsequenz des technischen Fortschritts ist er die Schattenseite der Bequemlichkeit. Auch wenn er kein neues Problem darstellt, hat er vor allem im Verlauf der fünfziger und sechziger Jahre zugenommen. In der Stadt vermengen sich die Geräusche und begleiten beharrlich den Gang des Städters: Autos, Motorräder, Lastwagen, Mofas, Busse, Straßenbahnen, Baustellen, Krankenwagen- oder Polizeisirenen, versehentlich ausgelöste Alarmanlagen, geschäftiges Treiben in den Straßen und Vierteln mit Musik und den obligatorischen Kommentaren, die in einer unerbittlichen Jagd auf die Kunden aus den Lautsprechern schallen,

Wohnungen mit geöffneten Fenstern, aus denen Musik in voller Lautstärke dringt, Handyklingeln, Instandhaltungs- und Wartungsarbeiten, Baustellen, alte Häuser, die abgerissen werden, usw.

Orte in der Stadt sind laut, und die Häuser haben dem Eindringen der Geräusche benachbarter Straßen oder auch nur der Wohnungen nebenan wenig entgegenzusetzen. »Reichtum misst sich heute an den Geräuschquellen und der Geräuschpalette, über die der Einzelne verfügt.«[152] Der Überfülle an Lärm in der Stadt, dem unaufhörlichen Reigen der Autos fügt unsere Gesellschaft weitere Geräuschquellen hinzu, Hintergrundmusik in den Geschäften, Cafés, Restaurants, Flughäfen usw., als ob man die Stille, in der sich einige Worte wechseln lassen, in einem Bad permanenter Beschallung ertränken müsste, der niemand zuhört, die manchmal verärgert, deren Zweck es aber ist, eine beruhigende Botschaft durchsickern zu lassen; Gegenmittel der diffusen Angst, nichts zu sagen zu haben, akustische Infusion von Sicherheit, deren plötzlicher Abbruch doppeltes Unbehagen erzeugt. Die Hintergrundmusik ist eine wirksame Waffe gegen eine bestimmte Phobie vor der Stille und eine aggressive Art des Zwischenrufes an die Passanten als Verkaufsförderung geworden.[153]

Für den Städter, der die andauernden Geräusche gewohnt ist, hat ein Moment der Stille nicht die gleiche Bedeutung wie für den Landbewohner. Eine einfaches Abflauen des Lärms der Baustellen oder des Straßenverkehrs reicht aus, um bei Ersterem das Gefühl zu erzeugen, dass Stille eingetreten ist, während der Landbewohner noch immer die Unannehmlichkeit der Geräuschkulisse wahrnimmt. Der Städter hingegen fühlt sich an einem ganz von Stille durchdrungenen

Ort unwohl, er ist erschrocken oder beeilt sich, selbst Laute zu erzeugen, die ihn beruhigen, indem er laut spricht, das Autoradio laufen lässt, seinen MP3-Player einschaltet oder indem er mit dem Handy jemanden anruft, der ihm seine Existenz bestätigt. Eine Welt voller Ruhe und Stille wird für jemanden, der an den Lärm gewöhnt ist, zu einer furchterregenden Welt ohne Orientierungspunkte. Das plötzliche Ausbleiben der Geräusche würde zu einem schauerlichen Erlebnis, der Moment des Aussetzens schien einer Katastrophe vorauszugehen, es zöge die Anwohner an ihre Fenster, die Furcht im Nacken.

Die Ruhe des Gehenden selbst inmitten des größten Getöses verweist auf eine persönliche Haltung, die innere Disziplin desjenigen, der eine solche Selbstbeherrschung erreicht hat. Das Unbehagen ist durch einen Schirm der Sinne gebannt, eine willentliche Abwendung der Belästigung durch die Entscheidung, nichts mehr zu hören, oder durch den Einsatz der Vorstellungskraft, die sie entschärft. Bachelard zum Beispiel erzählt, wie er die Schlagbohrer, die in seiner Straße in Paris am Werk sind, unschädlich macht, indem er sie im Geiste in die Grünspechte seiner Heimatregion verwandelt. Mancherorts scheint die Gesellschaft besonders gastfreundlich denjenigen Klangerzeugnissen gegenüber, die anderswo als unerträglich eingestuft werden würden. Karlfried Graf von Dürckheim schlägt eine Deutung derartigen Gebarens in Japan vor, ein Land, das zugleich Meister des Lärms und der Stille ist. Das Alltagsleben hallt vom Krach der Stadt wider, Lautsprecher wiederholen ununterbrochen ihre immergleichen Nachrichten, Werbebotschaften, Ratschläge, Musik hüllt jeden öffentlichen Raum in süßliche Stimmung, vom Nahverkehr bis zu den Fahrstühlen, von Restaurants bis zu den Toiletten – eine verbissene Hatz auf die Stille, die Häuser sind durch die allgegenwärtigen Fernsehgeräte betäubt. Eine unaufhörliche Geräuschemission von morgens bis abends stellt die Nerven des Westeuropäers auf eine harte Probe. Die Japaner allerdings setzen diesem Dröhnen, das sie kaum belastet, ihre Ruhe entgegen. Dürckheim untersucht die Gleichgültigkeit der Seele des Japaners gegenüber dem Lärm als Folge einer geistigen Erziehung. Der Japaner verschließt sich in sich selbst, und die Hektik der oberflächlichen Wellen seines alltäglichen Universums berührt ihn kaum. Der innere Rückzug schützt vor den Geräuschen der Welt. Dort wo der Europäer dem Äußerlichen den Vorzug gibt und alle anderen Mittel außer Acht lässt oder sie nur sparsam einsetzt, erfüllt der Japaner laut Dürckheim seine Beziehung zur Welt mit einer persönlichen Stille, die ihm einen angemessenen Abstand verschafft.[154]

Kultstätten, Parks oder Friedhöfe bilden in der Stadt vom Lärm umschlossene Enklaven der Stille, die Erholung und einen kurzen Rückzug aus dem umgebenden Tumult bieten. Man kann dort Atem holen, sich sammeln, die Ruhe auskosten, die der *genius loci* birgt. Die Stille stellt in der Welt eine eigene Dimension dar, eine Schicht, die die Dinge einhüllt und daran erinnert, bei deren Betrachtung ihren Anteil der Aufmerksamkeit nicht zu vergessen. Die Zeit fließt dort ohne Eile, mit dem Menschen schritthaltend, Erholung, Meditation und Flanieren herbeirufend. Diese von der Stille erfassten Orte heben sich von der Landschaft ab und zeigen sich auf Anhieb als geeignet, um sich zu sammeln. Man legt dort einen Vorrat an Innerlichkeit an, bevor man sich in die Rastlosigkeit der Stadt und seiner eigenen Existenz zurückbegibt.[155]

Sehen

Das Sehen ist der bevorzugte Sinn im urbanen Sozialgefüge. Das Schauspiel der Stadt zieht fortlaufend die Blicke der Passanten auf sich (Schaufenster, Werbungen, Straßenverkehr, Fußgänger, Zwischenfälle usw.). G. Simmel beschreibt den Blick des Großstädters zu Beginn des 20. Jahrhunderts, als er bemerkt, dass die Menschen in der Kleinstadt sich gegenseitig auf der Straße erkennen und eine Beziehung zueinander haben, der Mensch in der Großstadt hingegen so viele Menschen sieht, dass eine emotionale Reaktion auf jeden Einzelnen unmöglich ist.[156] Der Blick im Sinne des Abstands, des Anscheins, ja sogar der Überwachung ist das wesentliche Werkzeug des Städters zur Aneignung des ihn umgebenden Raumes. Die Stadt versetzt die Passanten in die wechselseitige Position des Betrachtens. Sie zeigt ständig einen Gesichterwald. Das urbane Gehen beinhaltet, ununterbrochen anderen um sich herum zu begegnen und sie zu sehen, ohne sich ihren Blicken entziehen zu können. Die gegenseitige Sichtbarkeit bestimmt den Fluss des Gehens, sie korrigiert den Kurs und verhindert im Prinzip Zusammenstöße und Drängelei. Wer entgleist, wird mit einem rituellen Befehl zur Ordnung gerufen: »Passen Sie doch auf, wo Sie hinlaufen!«

Das Lesen der Erscheinung und der Haltung des anderen lässt oft auf sein zukünftiges Verhalten schließen und beugt Ungeschicklichkeiten vor. Der Austausch von Blicken ist nicht nur für die Steuerung der Fortbewegung in der Menge nützlich. Er hilft auch, den jeweils anderen zu erfassen, die Neugierde auf einen umgebende Gesichter zu befriedigen, er stellt eine schlendernde Emotionalität her, die einen Vorrat an Bildern liefert, keiner anderen Notwendigkeit als der des

Moments Folge leistend. Die Beschaffenheit der Präsenz des jeweils anderen wird kurz beurteilt, manchmal gefolgt von Bedauern oder dem Übergang zum Akt des Kennenlernens; ein Kaleidoskop der kleinen Gefühle durchfährt den Gehenden. Manchmal wird er zum Ästheten dieser flüchtigen Eindrücke und lässt sich auf einer Terrasse oder in einem Café nieder, um seinen Blick durch die Menge schweifen zu lassen. Den anderen zu sehen bedeutet, in eine Träumerei zu verfallen: In einem Aufsatz beschreibt Simmel das Phänomen, dass das Auge nicht nur die Gegenwart, sondern auch ihr beständiges Wesen, ihre Vergangenheit offenbart, sodass sich die zeitliche Abfolge seines Daseins mit einem Blick erkennen lässt. In seinen dinglichen oder lebendigen Bestandteilen ist die Stadt ein beständiges Lob des Blicks.[157]

Fühlen

Gehen konfrontiert mit Hitze, Kälte, Wind, Regen; die Stadt lässt auf der Haut ein Tastempfinden entstehen, das sich mit der Tages- oder Jahreszeit verändert, aber auch mit dem körperlichen Zustand des Einzelnen, der müde, fiebrig, von der Sonne oder einem Schauer belebt ist. Der Regen ist eine Aussendung der Natur, die der Stadt ihren nur vorübergehenden Triumph über die Elemente ins Gedächtnis ruft. *Axis mundi* einer Handvoll Stunden oder Minuten, durchbricht er die Grenzen des Himmels und eint das Wasser und die Stadt in einer Kosmologie, die die Menschen aus den Straßen vertreibt, damit die Götter dort für einen kurzen Moment Einzug halten können. Das Erleben des Regens ist ein Erleben des Körpers. Die Tropfen prasseln aufs Gesicht, durchnässen die Haare und Schuhe. Sie sind erfrischend oder lassen einen vor Kälte zittern und manchmal den stutzigen Passanten zu Eis erstarren. Der Regen lässt uns über Pfützen, die Sturzbäche der Abflüsse, die Ströme der Regenrinnen springen. Der überraschte Passant läuft von einem Unterstand zum nächsten, er trifft dabei auf andere nicht weniger Hilflose, auch wenn der Mensch zum Glück nicht aus Zucker ist und nicht zu befürchten hat, sich unter dem Ansturm des Regens aufzulösen. Der Regen verwischt das Stadtbild, verändert seine Farben, verdunkelt den Raum. Die rituellen Formen des Selbstdarstellung lösen sich auf, auch die steifsten und am meisten von sich überzeugten Frauen und Männer rennen durch das Netz der Wasserfäden, um sich in Sicherheit zu bringen, jeglicher mondäne Anschein ist ihnen gleichgültig, und sie fürchten nicht, ihr Gesicht zu verlieren (sitzen sie doch alle im selben Boot), sie hüpfen mit vollem Ernst von einem Schutz zum nächsten und vergessen dabei ganz, auf ihr Erscheinungsbild achtzugeben. Der Regen ist eine Unterbrechung der guten Manieren, doch er gibt selbstverständlich Anlass zum Schmunzeln angesichts der aussichtslosen Fluchtversuche, die manchmal dazu führen, dass jemand über ein unerwartetes Hindernis stolpert oder auf den nassen Pflastersteinen ausrutscht. Der Regen lüftet die Masken und versetzt jeden in die Bescheidenheit des Menschseins zurück.

Doch indem er die übliche Förmlichkeit durchbricht, stellt er auch Begegnungen her. »Er scheint die Menschen im Kampf gegen einen gemeinsamen Feind zu einen, die Städter trauen sich eher, einige Worte miteinander zu wechseln. Es gibt Momente, in denen man wünscht, der Regen würde sich in die Sintflut verwandeln, damit die Menschen sich aussöhnen und gemeinsam der Gefahr die Stirn bieten.«[158] Andernorts, ich denke dabei an Asien und einige Erlebnisse in Indien, überflutet das Wasser innerhalb weniger Minuten die Straßen, macht die Auslagen zunichte und stellt den Verkehr auf den Kopf. In einem Sommer übermannte uns der Regen bei einem langen Spaziergang in der prallen Sonne entlang der *Ghats* am Ganges in Benares. Die Kühe und Ziegen ließen sich davon kaum stören, die Hunde jedoch wurden unruhig. Es dauerte nur wenige Minuten, bis sich die Straßen in reißende Sturzbäche verwandelt hatten. Noch etwas länger, und das Wasser stand uns bis zur Hüfte, und wir waren gezwungen, zwischen dem Abfall zu gehen und zu beten, dass man nicht in eines der unzähligen Löcher fiele, die den Straßen Indiens ihr besonderes Erscheinungsbild verleihen. Wir waren bereits gut einen Kilometer bei trommelndem Regen gegangen und schon halb ertrunken, bevor wir wieder festen Boden unter den Füßen hatten und sehen konnten, wohin wir unsere Füße setzten.

Zweifelsohne müsste man noch von vielen anderen Spaziergängen im Zeichen des Wassers erzählen, in Kalkutta, Bombay oder Goa, bei Nichtbeachten des Monsuns, den ganzen Tag durchnässt. Eines Abends in Pokhara, in dem Jahr, in dem ich diesen Text schrieb, überschwemmte plötzlich ein sintflutartiger Regen die Straßen, unterbrach die Stromversorgung und brachte ein spektakuläres Gewitter hervor, dessen Blitze mehrere Sekunden lang die dunkle Stadt erhellten. Wir aßen in einiger Entfernung zu unserem kleinen Hotel zu Abend und mussten auf dem Rückweg durch knietiefes Wasser waten, wobei wir mehrmals in Löcher einsanken, vorbei an Kühen, die regungslos und dicht gedrängt an den Hauswänden standen, in der tintenschwarzen Nacht zwischen zwei Blitzen den Weg finden; ein schönes Abenteuer, bevor man wohlbehalten sein Ziel erreicht. Es sind diese vorübergehenden Schwierigkeiten, die dem urbanen Gehen die Würze verleihen und unvergängliche Erinnerungen hinterlassen.

Was das Glatteis anbelangt: Es ist wie die meteorologische Krankheit des Gehens, es stellt dessen Karikatur, dessen Verspottung dar. Es lässt einen das empfindliche Gleichgewicht des Gehens verlieren und oft lächerliche Bewegungen ausführen, um den Fall abzuwenden. Der Schnee hingegen macht die Umgebung weich, vereinheitlicht die Straßen und vermittelt das Gefühl, sich in einem Märchen zu befinden.

Riechen

An jedem Ort in der Stadt, in jedem Viertel, in jeder Straße begleitet ein Gewirr aus Gerüchen den Gehenden. Die Verkaufsstände setzen je nach Tageszeit unterschiedliche Geruchssignaturen: gegrilltes Hammelfleisch, Würstchen, Fisch, der süße Duft von Brioche, Gebäck, der Wohlgeruch des Ofens, in dem Brot gebacken wird usw. Manchmal sind es über dem Feuer schmorende Gerichte, die ihre Einladung durch geöffnete Fenster hindurch verbreiten und den Passanten in kulinarische Träumereien versinken lassen, Gerüche von Gewürzen, Saucen, Festtagsdüfte. Sie lassen es einen bedauern, dass man sich nicht, so wie die Götter, durchs Riechen ernähren kann, denn solche Festgelage wären ohne Maß und könnten den Erstbesten, der die Straße entlangkommt, einen kulinarischen Rausch erleben lassen, völlig ungeachtet seines Vermögens. Entlang der Gehwege gibt es die parfümierten Wohlgerüche der Menschen oder gewöhnlichere, die Vorstellungskraft weniger reizende Düfte von Seife oder Cremes. Doch der Mensch verfügt im Allgemeinen nicht über die vollkommenen olfaktorischen Fähigkeiten eines Grenouille, Süskinds Romanfigur, um unerbittlich jeden Passanten zu entblößen, indem er in dem persönlichen Geruch eines jeden Menschen den spürbaren Teil seiner Seele erkennt. Saisonale Gerüche von Bäumen, Blumen, Blättern und Früchten, der Geruch der Erde nach dem Regen, der übervollen Abwasserkanäle, der Geruch von ausgetrockneter Erde. Manchmal riecht es auch nach den Ausdünstungen nahegelegener Fabriken, es stinkt nach Gerbereien und Betrieben, die Chemieprodukte verarbeiten, oder – noch alltäglicher – den Abgasen von Autos und Motorrädern.

Die Spiritualität des Gehens

»*So wie eine weiße Sommerwolke im Einklang mit Himmel und Erde frei im blauen Äther schwebt und von Horizont zu Horizont zieht, dem Hauch der Lüfte folgend, so überlässt sich der Pilger dem Strom des größeren Lebens, der aus der Tiefe seines Wesens aufwallt und ihn über ferne Horizonte zu einem seinem Blick noch verborgenen, aber stets gegenwärtigen Ziel führt.*«

Lama Anagarika Govinda[159]

Spirituelle Wanderungen

In Griechenland gab es einst Wallfahrtsorte auf Delos, der kleinsten Kykladeninsel, und in Delphi, berühmt für die Pythia. Die Völker der Bibel sind Pilger par excellence. Abraham verlässt Ur in Chaldäa und führt die Hebräer von Stätte zu Stätte, um das Gelobte Land zu erreichen; Abraham und seine Nachkommen lassen sich schließlich in Kanaan nieder – der erste lange Marsch seit Beginn der Geschichtsschreibung. Mehrere hundert Jahre danach ziehen die Israeliten aus Ägypten aus, wo sie versklavt worden waren. Es folgt ein vierzig Jahre andauernder Marsch durch die Wüste, bei dem sie geführt von Moses zweihundert Kilometer zurücklegen. Nach dem Exil, das heißt der Eroberung Jerusalems durch Nebukadnezar und der Verbannung der Juden nach Babylon im Jahr 586 v. Chr., ist das Pilgern nach Jerusalem jedem Juden eine Pflicht, vor allem zu Pessach, wenn die Teilung des Roten Meers gefeiert wird, der Empfang der Steintafeln auf dem Berg Sinai fünfzig Tage nach Pessach, ebenso das Laubhüttenfest, das sieben Tage dauert. Fünfzehn Psalmen (120–134: Die »Stufenlieder«, weil es auf dem Weg nach Jerusalem viel bergauf ging) sind Wallfahrtslieder, die Gottvertrauen und die Freude über die Rückkehr zur Heiligen Stadt ausdrücken.

Der christliche Pilger des Mittelalters oder der Renaissance geht unter dem Blick Gottes, seine Absicht ist es, sich zu sammeln oder an einer heiligen Stätte Buße zu tun, die Schöpfung zu erkunden, gemäß seines Wesens und auf die Vorsehung vertrauend, wenn er in der Nacht Rast macht oder einen Wald durchquert, verfolgt von der Furcht, in einen Hinterhalt zu geraten oder Opfer eines Zaubers zu werden. Die Angst vor dem Unbekannten folgt ihm wie sein Schatten, auch wenn vereinbarte Zwischenhalte den Verlauf seiner Reise bestimmen. Im Zuge dieser langen Wanderung birgt jeder Tag ein neues Wunder, denn weil er zur Ehre Gottes geht, kann er auf dessen unfehlbaren Schutz hoffen. Gleichgültig gegenüber der Härte des Weges steht der Pilger hinter seiner Mission und seinem Schicksal zurück, wenn er von seinem Voranschreiten berichtet. Jeden einzelnen Tag füllt die Hingabe an Gott, und der Marsch wird im Schein des göttlichen Lichtes vollbracht. Die *Romei* begaben sich nach Rom, die *Palmieri* gingen nach Jerusalem und die *Peregrini* nach Santiago de Compostela. Das Wort *peregrinus* bedeutet »Fremder«, jemand, der weit von zu Hause ist, einer Welt gegenübergestellt, der jegliche Vertrautheit fehlt. Im Hochmittelalter nimmt der Ausdruck seine heutige Bedeutung an, die *peregrinatio* bezeichnet nicht länger das Exil, sondern freiwillige Askese[160] und spirituelle Übung. Der Pilger gibt die Sicherheit seiner Heimstatt und seines Dorfes auf, um sich an einen Ort zu begeben, der in seinen Augen durch die Anwesenheit des Göttlichen geheiligt ist. Für seine Familie und seine Stadt wird er vorübergehend zum Trauerfall, es ist niemals sicher, dass er zurückkehren oder auch nur das Ziel seiner Reise erreichen wird. Er verspürt den Wunsch, auf Gottes unergründlichen Wegen zu wandeln, und weiß, was er zu verlieren hat, doch zugleich glaubt er, im Gegenzug mit dem letzten seiner Schritte die Ewigkeit zu gewinnen. Die Selbstaufopferung für das Werk Gottes muss den Eintritt ins Paradies zum Gegenwert haben. Es ist ein gutes Geschäft. Unter diesen Bedingungen teilt sich der Erfolg der Pilgerfahrt in eine Zeit vor dem Ereignis und eine Zeit nach der Ankunft Jesu.

Auf den Straßen von einst, als das Gehen die gebräuchlichste Art der Fortbewegung war, begegneten die Pilger auch Händlern, Studenten, Gruppen von Soldaten, Vagabunden, Arbeitslosen, Hausierern, Bettlern, Schornsteinfegern, Gauklern, Zigeunern und Bauern, die auf dem Weg zu ihren Feldern waren. Man ging also vom Morgengrauen bis zum Sonnenuntergang. Die Nacht barg Tausende Gefahren, von Menschen oder unsichtbaren Mächten ausgehend. Die »Staubfüßigen«, wie sie auf Französisch genannt wurden, waren nicht allein unterwegs. Die Röcke an der Taille von einem Ledergürtel zusammengehalten, in Sandalen oder Stiefeln, Hut mit breiter Krempe, Pelerine, Trinkgefäß, Wanderstab aus Rohr – sie sind mit einer Tracht ausstaffiert, die sie von anderen Wandernden unterscheidet und ihr gegenseitiges Erkennen sichert (es gleichzeitig aber auch begünstigt, dass Diebe sich verkleidet unter die Pilger mischen, um sie zu bestehlen). Einige gehen barfuß, um ihren Verdienst zu mehren oder weil es ihnen befohlen wurde.

Der Pilger ist zunächst ein Mensch, der geht, ein *homo viator*, der, seinem Zuhause für Wochen oder Monate fernbleibend, durch Verzicht und die sich auferlegten Prüfungen Buße tut, um Zugang zur Macht einer heiligen Stätte zu erhalten und sich von ihr erneuern zu lassen. Das Pilgern ist also eine pausenlose Verehrung Gottes, ein langes Gebet, das vom Körper ausgesprochen wird. Die Hindernisse auf dem Weg sind zahlreich: Diebe, die erpressen, plündern, töten, Betrüger (falsche Priester, falsche Mönche, falsche Pilger usw.), Flüsse, die durchwatet oder mit Booten überquert werden wollen – mit dem Risiko, überhöhten Wegzoll an die Fährmänner zahlen zu müssen, in manchen Regionen sogar Wölfe, die Elemente ... Der Zustand der Straßen ist desaströs, vor allem in der Anfangszeit. Keine Karte hilft beim Vorankommen, man muss von Dorf zu Dorf gehen, sich auf *montjoies* verlassen, kleine Steinhaufen, die den Weg markieren, sich Kälte und Hitze aussetzen, Regen und Schnee, Wind, Wanzen und Flöhen, Verletzungen, Schmutz, mangelnder Nahrung, unsauberem Wasser, Krankheiten, Infektionen. Das Pilgern ist eine Askese, die nur die Wohlhabendsten als harmlos erleben können, allerdings auf die Gefahr hin, dass ihr Heil daraufhin etwas sparsamer ausfällt.

Manche sammeln die Spiritualität wie Nektar, anstatt den festgelegten Wegen zu folgen, gehen sie querfeldein, von einer Pfarrgemeinde zur nächsten, von Reliquienschrein zu Reliquienschrein usw. Die Geografie verläuft dabei parallel zur Hagiografie, zum Verdienst des Pilgers, dessen Interesse an der bereisten Region dadurch wächst. Zunächst wären dort behelfsmäßige Wege, die den Pilger allen Zufällen der Strecke ausliefern, dann die vier großen Routen nach Santiago de Compostela, auf denen die Pilger nach und nach empfangen werden: Reiseführer gehen umher und informieren über Orte, an denen man schlafen, essen oder beten kann. Sie legen jeden Tag zwischen dreißig und vierzig Kilometer zurück. Die Pilger genießen unterwegs den Schutz der zivilen und kirchlichen Autoritäten, sie erhalten Kost und Logis in bestimmten Unterkünften (in Klöstern, Krankenhäusern, Einrichtungen, Gasthäusern oder einfach bei Privatpersonen). In bergigen Regionen können die Pilger dank regelmäßig schlagender Kirchenglocken eine Herberge finden, die Jakobspilger erkennen sie an Schildern, auf denen eine Jakobsmuschel abgebildet ist. Hunderttausende Pilger begeben sich jedes Jahr nach Santiago de Compostela und müssen von dort wieder zurück, denn im Gegensatz zu heute haben sie, wenn sie wohlbehalten dort angekommen sind, den gleichen Fußweg noch einmal vor sich, um nach Hause zu gelangen. Wenige Frauen sind unter ihnen, da die Strecke so viele Gefahren birgt und die Kirche sie zu diesen Zeiten vom Pilgern abhält.

Verschiedene Typen von Pilgern begegnen einander auf dem Jakobsweg im tiefsten Spanien oder auf den Wegen nach Rom und Jerusalem. Ihre Frömmigkeit treibt sie an, ihrem Glauben Ausdruck zu verleihen, indem sie eine Heilige Stätte aufsuchen. Kranke oder Schwache, die auf Genesung hoffen, werden von der heilenden Kraft der Reliquien angelockt. Andere haben ein Gelübde abgelegt, nachdem sie eine besondere Bitte an Gott gerichtet haben. Die Gerichte schicken Verurteilte auf den Weg, deren Strafe darin besteht, nach Santiago de Compostela oder an einen anderen Ort zu gehen, um Buße für eine Verletzung der kirchlichen oder gesetzlichen Vorschriften zu tun. Um ihre Läuterung zu bestätigen, erhielten sie am Zielort ein Zertifikat über die Ausführung der Strafe, und sie konnten nach Hause zurückkehren. Die Frömmigkeit lässt manche Pilger sich Ketten auferlegen oder barfuß gehen, manche Büßer mussten den Weg mit eisernen Fesseln bewältigen, bis der Rost sie davon befreite. Die reichen Leute hingegen konnten sich aus ihrer Pilgerreise freikaufen oder sie gegen eine Entlohnung von jemand anderem tätigen lassen.

Die Religionskriege im ausgehenden fünfzehnten Jahrhundert durchbrechen für lange Zeit diese Tradition, da sie das Wandern äußerst riskant werden lassen. Luther untersagt das Pilgern, das er als unsittlich verurteilt. Doch sobald die Kriege beendet sind, finden sich wieder Pilger auf dem Jakobsweg und anderen Strecken ein. Manchmal handelt es sich nur um den Marsch zur nächsten Kathedrale, um einem Gelübde nachzukommen oder ein Glaubensbekenntnis abzulegen. Charles Peguy hinterlässt ein schönes Zeugnis seiner Pilgerfahrt nach Chartres, nachdem er aufgrund der Erkrankung seines Sohns Pierre ein Gelübde abgelegt hat. Obwohl er ungeübt ist, legt er die einhundertvierundvierzig Kilometer in drei Tagen zurück. »Man sieht den Kirchturm von Chartres aus siebzehn Kilometern Entfernung. Manchmal verschwindet er hinter einem Hügel oder einer Baumreihe. Seitdem ich ihn gesehen habe, befand ich mich in einem Zustand der Verzückung. Ich spürte nichts mehr, weder die Erschöpfung noch meine Füße. Alle Unreinheit fiel von mir ab. Ich war ein anderer Mensch.«[161]

Heute wird der Jakobsweg von Tausenden Pilgern begangen, wenn auch nicht als ostentatives Glaubensbekenntnis, sondern als persönliche Suche nach Spiritualität oder um dem Bedürfnis nachzugehen, Zeit für sich zu haben, um mit den Rhythmen und der Technik der Welt der Gegenwart zu brechen und symbolisch in die Fußstapfen von Millionen Vorgängern zu treten. Noch immer handelt es sich dabei um ein Gelübde, um den Willen, Hingabe zu zeigen, doch zumeist lässt das Gehen das Heilige erst entstehen, es schafft eine Zeitlichkeit und eine persönliche Erfahrung, unvergesslich in ihrer Besonderheit und Dichte. Die Wege des Glaubens treten zurück hinter den Wegen der Erkenntnis oder der Treue zur Geschichte, Wege der Wahrheit werden zu Wegen des Sinns, und jedem Pilger obliegt es, ihn mit einem persönlichen Inhalt zu erfüllen. Das Gehen entblößt, legt frei, lädt dazu ein, an der frischen Luft nachzudenken, und erinnert den Menschen an die Bescheidenheit und die Schönheit seiner Stellung in der Welt. Der Gehende ist heutzutage ein Pilger seiner persönlichen Spiritualität, seine Wanderung verhilft ihm zu Besinnung, Demut und Geduld, sie ist eine wandelnde Form des Gebets, das vorbehaltlos an den *genius loci*, an die Gewaltigkeit der Welt gerichtet ist.

Auch die orthodoxe Welt kennt verschiedene Formen des spirituellen Gehens. Auf dem Berg Athos haben die Wandermönche keinen festgelegten Schlafplatz, sie breiten sich dort auf dem Boden aus, wo die Nacht sie überkommt, ohne dass sie sich eine bequemere Stätte gesucht hätten; ein Gang von Kloster zu Kloster, eine Grube reichen für ihre kurze Erholung. Wenn sie wahre Athos-Mönche sind, sind sie keinem bestimmten Kloster zugeordnet, sie gehören dem Raum des heiligen Bergs, den sie in einen Ort des ständigen Gebets verwandeln. Im Laufe ihrer Schritte sprechen sie ununterbrochen das »Herzensgebet«, den Hesychasmus. Ihre Abwendung von jeder klösterlichen Regel macht sie frei in ihrer Bewegung, sie folgen ihrer Stimmung, jeder Ort bietet sich ihnen zum Gebet an. Ihre gesamte Existenz ist ein Gott zugewandtes Gehen. Sie kennen den Berg Athos in- und auswendig; es gibt keine Stelle, die sie nicht wieder und wieder im Zuge ihrer pausenlosen Wanderungen passiert haben. Jeden Tag erwartet sie eine neue Strecke, die zu einem neuen Auf-die-Welt-Kommen führt, in einer immer neuen Feierlichkeit – eine ewige Pilgerfahrt auf einem taschentuchgroßen Flecken Erde, die denjenigen, die immerzu mit Gott gehen, die Grenzen der Schöpfung aufzeigt.

Die orthodoxe Tradition reicht weit über das strahlende Zentrum des Berg Athos hinaus. Die *Aufrichtigen Erzählungen eines russischen Pilgers* beschreiben den ähnlichen spirituellen Lebensweg eines Mannes im Russland Mitte des neunzehnten Jahrhunderts. Eines Tages, als er von der Arbeit kommt, fragt sich ein Gläubiger, ob es möglich sei, ohne Unterlass zu beten. Er macht sich also auf die Suche nach Männern mit gutem Ruf, um sich diese Frage beantworten zu lassen. Als orthodoxer Christ, mit dem Herzen stets bei Gott, vereinigt er Marsch und Gebet, mit Ernst bei der Sache. Vertieft in seine Gebete spürt er weder Kälte, Hunger noch Schmerz. Der durchschrittene Raum wandelt sich in Innerlichkeit. Am Ende des vierten Berichts findet der Pilger einen Weggefährten, um zu Fuß das »alte Jerusalem« zu erreichen.[162]

Mit den Göttern gehen

In Asien fordern auch die buddhistische und die hinduistische Religion zu Pilgerfahrten auf und entsenden zahlreiche *Sadhus* oder andere Männer und Frauen auf die Straßen, die danach streben, dem Göttlichen nahe zu sein. In Tibet bietet sich aufgrund der dünnen Luft ein Marschrhythmus an, der einigen Übungen des *Hatha Yoga* ähnelt. Der Gehende ist gezwungen, sich langsam zu bewegen und dabei mehr Luft einzuatmen, als es im Flachland notwendig wäre. Einige Tibeter nehmen heilige Formeln, sogenannte Mantras, zur Hilfe, um den Atem und den Gang in Einklang zu bringen.

Die tibetische Tradition kennt eine weitere Form des Gehens, die des *Lung-gom-pa*, bei dem die Wanderer in Trance sind; völlig unempfindlich gegenüber Erschöpfung oder Hindernissen bewältigen sie leichtfüßig große Entfernungen. Eines Tages verirrt sich der deutschstämmige Lama Anagarika Govinda, weil er sich in der Dämmerung zu weit vom Lager seiner Gefährten entfernt hat. Er droht, in der kalten Nacht im Himalaya zu erfrieren. »Die Dunkelheit war nun so vollständig, dass es mir nicht mehr möglich war, die Felsblöcke, die den Boden für die nächsten Meilen meines Rückwegs bedeckten, zu unterscheiden, – und dennoch sprang ich zu meinem Erstaunen mit nachtwandlerischer Sicherheit von Block zu Block, ohne ein einziges Mal mein Ziel zu verfehlen, auszurutschen oder meinen Halt zu verlieren – und dies, obwohl ich nur ein paar lose Sandalen (durch einen Lederstreifen zwischen den Zehen festgehalten) an den nackten Füßen trug. Plötzlich wurde mir bewusst, dass eine seltsame Kraft sich meines Körpers bemächtigt hatte, ein Bewusstsein, das nicht mehr von meinen Augen oder meinem Gehirn geleitet wurde, sondern von einem mir unbekannten ›Sinn‹. Meine Glieder bewegten sich wie in einem Trancezustand, als ob sie mit einem ihnen innewohnenden, von mir unabhängigen Wissen handelten.«[163] Die ihn umgebende Welt scheint die Beschaffenheit eines Traums zu haben. Ein falscher Schritt zwischen den Felsen hätte ihn in den sicheren Tod geführt, doch er schritt mit schlafwandlerischer Sicherheit voran. Er legt auf diese Weise mehrere Kilometer zurück. »Ich weiß nicht, wie viele Meilen dieses unwegsamen Küstenstreifens ich in dieser Weise zurücklegte. Mein einziger Anhaltspunkt war ein Stern, der in der Richtung der Schneeberge sichtbar war und mir als Richtpunkt dienen konnte. Ich wagte nicht von dieser Richtung abzuweichen, und da ich noch immer unter dem Einfluss jenes trance-artigen Zustands war, durchquerte ich den weiß schimmernden Sumpf, ohne auch nur ein einziges Mal einzusinken.«[164] Später begreift er, dass er ohne es zu wollen für kurze Zeit zum *Lung-gom-pa* und somit eins mit sich selbst geworden ist. *Gom*, schreibt Govinda, bedeutet Meditation, Konzentration des Geistes und der Seele auf einen bestimmten Gegenstand, bis zu dem Moment, in dem dieser Dualismus aufgehoben wird. *Lung* verweist auf die »Luft« und die Lebenskraft. Der *Lung-gom-pa* ist ein Mensch, der gelernt hat, seine Atmung durch Yoga-Praktiken des *Pranayama* zu kontrollieren. Wer diese Form der Trance beherrscht, geht raschen Schrittes und vermittelt den Eindruck wunderbarer Leichtigkeit, er ist sich seines Gehens nicht bewusst und mit der Welt vereint. Es besteht die Gefahr, durch plötzliches Aufwecken aus dieser Verschmelzung zurück in den normalen Bewusstseinszustand gestoßen zu werden. Er nimmt nichts um sich herum wahr, geht in der Trance des Gehens auf.

Die Methode des *Lung-gom-pa* ist nicht nur eine Möglichkeit der Befreiung, sie ist nützlich, um in einer Region (und einer Zeit), in der das Übermitteln von Nachrichten oft mit Gefahr verbunden ist, große Entfernungen zurückzulegen. Peter Matthiessen gibt ein gutes Beispiel dafür, als er eine gefährliche Strecke entlang eines Berghangs bewältigt, der Wind fegt über ihn hinweg, es gibt keinen Halt für seine Hände. Angsterfüllt lässt er sich keuchend auf alle viere nieder, um seinen Weg fortzusetzen. Die Gepäckträger kommen ebenfalls hinterher, redselig und lachend. Als sie diese Stelle der Strecke erreichen, werden sie einer nach dem anderen still und gehen mit ihrer schweren Last vorüber, mit festem Blick, mit ihren Händen kaum den Fels berührend. Kaum ist das Hindernis überwunden, nehmen sie ihre heiteren Gespräche wieder auf, als wäre nichts gewesen, sie setzen sie sogar genau da fort, wo sie sie unterbrochen hatten. Matthiessen schildert die tantrische Disziplin des *Lung-gom-pa*, dieses Gehens zwischen den Welten, das den Menschen von seiner Schwere befreit.[165]

Der in Indien beheimatete *Sannyasin* ist ein einsamer Wandermönch, ein Mensch größtmöglicher Entsagung. Sobald er die Initiierung zum Guru durchlaufen hat, geht er seiner Wege, sucht Heiligtümer auf, hält die *Puja* ab und huldigt anderen Weisen. Die Welt ist seine Wohnung, manchmal lässt er sich tage- oder jahrelang in einer Höhle oder einem Wald nieder. Wenn er einen Gefährten hat, ist diese Verbindung immer vorübergehender Natur. Andere werden *Sannyasin*, nachdem sie freiwillig ihren Beruf und ihre Familie aufgegeben haben; der Mann legt also seine sozialen Verpflichtungen nieder, er entledigt sich seiner Kleidung und Besitztümer, schlingt einen Schurz um seine Hüfte, nimmt seinen Pilgerstab und seine Bettelschale, denn er wird nunmehr von Almosen leben, die ihm am Straßenrand gegeben werden. Von nun an ist er abhängig von dem Willen anderer. Wenn er auf alle irdischen Vorzüge verzichtet, geht er mit den Göttern, regelmäßig die Mantras rezitierend, die den Rhythmus seiner Schritte bestimmen. Da er über keinerlei Geld verfügt, ist seine Art der Fortbewegung das Gehen, auch wenn es manchmal vorkommt, dass er dank des Wohlwollens der Kontrolleure den Zug nimmt.

Der Buddhismus kennt, ebenso wie der Hinduismus, Pilgerreisen und lange Märsche von Mönchen. Govinda schlägt eines Tages mit einer Karawane die Richtung nach Tibet ein, um seinen vorausgegangenen Lama wiederzutreffen. »Die Reise selbst hatte etwas Traumhaftes. Regen, Nebel und Wolken verwandelten den Urwald, Schluchten, Abgründe, Felsen und Berge in eine Welt von unheimlich wechselnden, unwirklichen Formen.«[166] Die langsame Wanderung durch den Himalaya ähnelt dem Klettern von einer Wolke auf die andere, zwischen den sich verändernden Vegetations- und Klimazonen. Als der traditionsbewusste Govinda den höchsten Punkt des Gebirgspasses nach Tibet erreicht, dreht er mehrere Runden um die Steinpyramide, auf die jeder Pilger bei seiner Ankunft Steine legt, um dem Berg für den sicheren Weg zu danken. Er setzt seinen eigenen dazu, zur Erinnerung an seine Bestimmung und den nachfolgenden Pilgern zum Gruß. Er erinnert sich an einen Vers, der Maitreya zugeschrieben wird, dem Buddha der Zukunft und somit ebenfalls ein Wandermönch: »Allein wandere ich tausend Meilen ... und erfrage meinen Weg von den weißen Wolken.«[167]

Govinda beschreibt, weil er sie selbst gegangen ist, eine der heiligen Pilgerstrecken gläubiger Buddhisten und Hindus, die zum Berg Kailash führt. Tausende Menschen sind diesen Weg bereits gegangen, winzige Glieder einer ewigen Kette. Oft kommen sie aus den fruchtbaren und heißen Ebenen des Indus, vor allem aus Haridwar, durch dessen Flachland der Ganges fließt. Der Pilger badet in kalten Gewässern, um sich zu reinigen, seine alte Identität sterben zu lassen, um einige Monate später in rund tausend Kilometern Entfernung in den Wassern des am Fuße der Berges Kailash gelegenen *Sees des Mitgefühls*, den die Hindus *Gauri-Kund* nennen, wiedergeboren zu werden. Im Mai, wenn der Schnee zu fallen aufhört, brechen die Pilger auf, oft sind sie arm, in den meisten Fällen *Saddhus*, einige verfügen aber auch über finanzielle Mittel, um Gepäckträger oder Maultiere zu bezahlen. Die meisten gehen barfuß oder sind mit Sandalen beschuht, sie tragen einen Ballen auf dem Kopf, am Abend machen sie in Unterkünften Rast, in denen sie ihre spärlichen Lebensmittelvorräte auffüllen können. Viele rezitieren ein Mantra zu Ehren von Rama, Shiva oder Krishna. Manche sterben unterwegs an Erfrierung, Krankheit, Infektion, weil sie in eine Felsspalte stürzen oder von einem anschwellenden Fluss fortgerissen werden.

Sie erklimmen Hunderte Kilometer lange Bergketten oder erleben den Wechsel zwischen der Hitze des Tieflands und der eisigen Kälte in den Bergen, sich auftürmende Wolken, sintflutartigen Regen und Wind. Die Pfade führen am Abgrund entlang, kreuzen Bäche und Flüsse, die es zu durchwaten oder mithilfe einer behelfsmäßigen Brücke zu überqueren gilt, unter der Gefahr, dass diese auseinanderbricht, wie es Alexandra David-Néel eines Tages passiert. Der Tod ist eine ständige Bedrohung für den, der körperlich und mental nicht vorbereitet ist. »Nur wer das Göttliche in seiner furchtbarsten Form erlebt hat, wer es gewagt hat, der unverschleierten Wahrheit ins Auge zu sehen, ohne davon überwältigt oder verstört zu werden – nur ein solcher Mensch ist imstande, die mächtige Stille und Einsamkeit des Kailash und seiner heiligen Seen zu ertragen und die Gefahren und Mühen auf sich zu nehmen, die der Preis sind, den der Pilger zu zahlen hat, um in die göttliche Gegenwart im heiligsten Bezirk dieser Erde zugelassen zu werden. Wer aber seinen Komfort und seine Bequemlichkeit, seine Sicherheit und die Sorge um sein eigenes Leben aufgegeben hat, wird mit dem unbeschreiblichen Erlebnis höchster Glückseligkeit belohnt.«[168]

Auf dem Pass des Gurla Mandhata erwartet den Gehenden die Erleuchtung, das große *Darshan* der Berge in der Klarheit der Morgendämmerung, das den mehr als einhundertfünfzig Kilometer entfernt leuchtenden Gipfel des Kailash klar erkennen lässt, die blauen Seen, umschlossen vom Grün der Weiden, die goldenen Hügel ... Eine erste Blendung, die ihn im Innern schon verändert: »Ein ungeheurer Friede liegt über dieser lichten Landschaft und durchdringt den Pilger mit solcher Macht, dass er alle Gefahren vergisst und sein eigenes Ich ausgelöscht ist; denn wie in einem Traum ist er eins geworden mit seiner Vision. Er hat die Unerschütterlichkeit eines Menschen gewonnen, der weiß, dass ihm nichts geschehen kann, als was ihm schon seit Ewigkeiten zugehört.«[169]

Nach einigen Stunden erreicht er das blaue Wasser des Sees Manasovar, die Bergflanke ist von der subtilen und wechselhaften Architektur der Wolken eingefasst. Er ist überrascht, dass seine Anwesenheit den Tieren keine Angst einzujagen scheint. Vögel, Hasen und sogar Kiangs fürchten den Menschen nicht, leben sie doch an einem höchst heiligen Ort, an dem niemand sie jagen oder gar töten darf. Es gibt Aroma- und Heilkräuter im Überfluss, sie sind für den Pilger ein Geschenk des Himmels. Doch sein Weg ist hier noch nicht zu Ende, eine weite, saftig-grüne Ebene liegt zwischen ihm und dem Ziel seiner Reise.

Bald erreicht er den Fuß des Berges Kailash. »Niemand kann sich dem Thron der Götter nähern oder das Mandala, den Bannkreis Śivas oder Demtschogs, durchdringen – gleichgültig, welchen Namen wir dem Mysterium der letzten Wirklichkeit geben wollen – ohne sein Leben aufs Spiel zu setzen, und vielleicht sogar die Gesundheit seines Geistes. Wer die rituelle Umwandlung des heiligen Berges mit vollkommener Hingabe und konzentrierten Geistes vollzieht, geht durch den vollen Zyklus von Leben und Tod.«[170] Er taucht in die wunderbare Ansicht (*Darshan*) des heiligen Berges ein, der auch Großes Schneejuwel genannt wird. Die Tibeter glauben, dass der Berg von Millionen meditierender Buddhas und Bodhisattvas bevölkert wird, die ihr Licht auf die Menschheit scheinen lassen.

Govinda beschreibt die letzte Etappe, die Befreiung des Egos, wenn der Pilger seinen Aufstieg zum Pass von Dölma in fünftausendachthundert Metern Höhe fortsetzt. »An dieser Stelle legt sich der Pilger zwischen zwei großen Felsblöcken in der Stellung eines Sterbenden auf den Boden. Er schließt die Augen und sieht sich dem Urteil Yamas ausgeliefert, dem Urteil seines eigenen Gewissens, das ihm den Spiegel seiner Taten vorhält. Und indem er sich ihrer bewusst wird, erinnert er sich all derer, die vor ihm starben und deren Liebe er nicht zu vergelten imstande war; er betet für ihr Wohlsein, in welcher Form sie auch wiedergeboren sein mögen.«[171] Die Angst vor dem Tod überwunden, mit seiner Vergangenheit versöhnt, offen gegenüber der kommenden Welt, im Innern verändert geht er zum See des Mitgefühls und badet in dem eisigen Wasser, in dem er seine erste Taufe erhält, bevor er wieder ins Tal hinabsteigt.

Gehen als Wiedergeburt

Gehen bedeutet, die Erfahrung der Welt auf das Wesentliche zu reduzieren. Das zu tragende Gepäck muss sich auf das Nötigste beschränken – eine Handvoll Kleidungsstücke und Gebrauchsgegenstände, damit man ein Feuer machen kann und nicht erfriert, Hilfsmittel, um sich zurechtzufinden, Nahrung, manchmal Waffen, natürlich Bücher. Überflüssige Lasten rächen sich mit Mühsal, Schweiß und Wut. Gehen ist Selbstentblößung, es stellt den Menschen von Angesicht zu Angesicht der Welt gegenüber. Seine Kunst besteht laut Thoreau, der sich dabei auf die Etymologie von *sauntering* bezieht, darin, symbolisch gesprochen heiligen Boden zu betreten, sich dem Magnetismus der Erde hinzugeben, »ebenso wie ein mäandernder Fluss, der doch fortwährend bestrebt ist, den kürzesten Weg zum Meer zu nehmen«.[172] Das Gehen ist eine Art, den Blick zu entwöhnen, es bahnt nicht nur einen Weg im Raum, sondern auch im Innern des Menschen, es lässt ihn aufgeschlossen und mit ihr verbunden die Windungen der Welt und die Windungen in seinem eigenen Innern durchlaufen. Die Geografie der äußeren Welt trifft mit der Geografie der inneren Welt zusammen und befreit sie aus den Zwängen der sozialen Ordnung. »Die schöne lavendelfarbene Strecke verblasst mit jeder Sekunde. Niemand ist ihr jemals gefolgt, auch sie ist mit dem Tag geboren. Und IHR seid es, auf die dieses Dorf dort drüben wartet, um zum Leben zu erwachen.«[173] Abbey knüpft an diese Ansicht an: »Jedes Mal, wenn ich in einen dieser versteckten Canyons hineinblicke, erwarte ich nicht nur, die Frémont-Pappel zu sehen, die über ihrer winzigen Quelle aufragt – der belaubte Gott und das flüssige Auge der Wüste – sondern auch eine Krone aus flammendem Licht in den Farben des Regenbogens, reiner Geist, reines Sein, reine körperlose Intelligenz, die gleich meinen Namen aussprechen wird.«[174] Wenn für die Tibeter die Hindernisse auf dem Weg (Kälte, Schnee, Hagel, Regen, gefährliche Pässe) das Werk von Dämonen sind, die es darauf abgesehen haben, die Gelassenheit der Pilger auf die Probe zu stellen, muss man sich diese Prüfungen vielleicht als Meilensteine auf dem Weg des Reisenden durch sein Inneres hin zum Herzen vorstellen, das für Dinge schlägt, von denen er noch gar nichts weiß.

Das Gehen führt zu Momenten, in denen sich die Welt öffnet und sich an einem strahlenden Tag ganz offenbart – manchmal die Schwelle einer persönlichen Metamorphose. Indem der Mensch sie in seinem Tempo und auf Augenhöhe erkundet, versetzt er sich in die Lage, sich selbst im Rausch der Ereignisse zu entdecken, deren Wendungen er nicht vorausahnen kann, da das Gehen eher das Unwahrscheinliche als das Vorhersehbare mit sich bringt. »Zwei weitere Stunden stapfe, keuche, klettere, rutsche, klettere und keuche ich weiter, stumpfsinnig wie ein Tier, während hoch über mir Gebetsfahnen in der nach Westen sinkenden Sonne fliegen, die die kalten Gipfel aufleuchten und den harten Himmel in weißem Licht strahlen lässt. Fahnenschatten tanzen auf weißen Wänden und Schneewehen, als ich im Schatten des Gipfels durch einen Eistunnel die letzten Meter zum Pass herauftaumele. Dann trete ich wieder in die Sonne hinaus, auf dem letzten der hohen Pässe; ich reiße mir die Wollmütze vom Kopf, damit der Wind mir den Kopf freibläst, sinke erleichtert auf die Knie, ausgepumpt, auf einem schmalen Grat zwischen zwei Welten.«[175]

Bei langen Märschen kann man so viel Kraft und Schönheit erleben, dass sich zu Beginn auftretende Leiden verflüchtigen. Reingewaschen auf den Wegen, erodiert durch die Notwendigkeit des Weitergehens, gestaltet Letzteres sich als weniger harsch. Im Laufe der Zeit ist es nicht mehr der Schreckenskern des Schmerzes, der Anlass zum Weitergehen ist, sondern der Aufruf an die eigene Verwandlung, die Entblößung, eine Hingabe an die Welt, die die Alchemie der

Straße erfordert, und an einen Körper, der sich darin ergeht, eine glückliche und fordernde Hochzeit von Mensch und Weg. »Auch wenn der Pass ein Erfolg war, ein der inneren Versenkung angemessener Ort, so war er auch zugleich eine Aufforderung zur Selbstüberwindung, ein Tor aus Gras, Luft und Stein zu einer anderen Landschaft und einem anderen Selbst«, schreibt Thierry Guinhut über das Cantal-Gebirge. »Das Zittern in meinen Beinen, das Herzklopfen, wenn ich um mich blickte, der eingesogene Atem, den ich bei der Überquerung verbrauchte, schienen mich mit der Straffheit und der Kraft eines anderen Menschen er erfüllen.«[176]

Das Gehen kann wiedererlangte Erinnerung sein, nicht nur weil es Freude bereitet, unterwegs in aller Ruhe über sich nachzudenken, sondern weil es manchmal einen Weg zeichnet, der die Zeit zurückholt und Reminiszenzen wachruft. Es grenzt also an den Tod, die Sehnsucht, die Traurigkeit, sie erweckt vergangene Zeiten durch einen Baum, ein Haus, einen Bach, manchmal ein gealtertes Gesicht, dem man auf einem Pfad oder auf der Straße begegnet. »Der Verlauf des Weges«, schreibt Pierre Sansot, »folgt nicht nur der dinglichen Ordnung, er besteht auch aus unsichtbaren Bojen, ohne die er sich auflösen würde, und selbst wenn wir in der Lage wären, weiterzugehen, wäre es nicht mehr wirklich auf dem, was wir unter einem Weg verstehen: nämlich eine Ansammlung persönlicher Erinnerungen, oder auch sentimentaler topologischer Verbindungen, die ein herzloser Mensch nicht kennt.«[177]

Das Gehen ist eine Arznei gegen Ängstlichkeit oder Lebensüberdruss. Mein erstes Buch beschreibt den langen Marsch eines Mannes voller Verzweiflung auf den Straßen des nordöstlichen Brasiliens. Der Grat zwischen Bericht und persönlicher Geschichte ist manchmal schmal; zwar handelt es sich um einen Roman, doch die Erfahrung der Qual, der Loslösung von sich selbst auf einem langen Fußmarsch war mir bekannt. Eine erste Lektion der Härte und Sanftheit der Welt; man muss mit seinem Körper durch die Dunkelheit gehen, um aus sich selbst herauszukommen. Das Gehen stellt langsam den Sinn her, der es ihm gestattet, die Offenkundigkeit der Welt wiederzuentdecken. Oft geht man, um einen Schwerpunkt wiederzufinden, nachdem man aus seiner Bahn geworfen wurde und sich in zu großem Abstand zu sich selbst wiederfindet. Der durchlaufene Weg ist ein Labyrinth, das Mutlosigkeit und Mattigkeit stiftet, doch dessen Ausweg manchmal, ganz innerlich, den Jubel darüber bereithält, die Prüfung zu seinem Vorteil genutzt zu haben. Viele Märsche sind Durchquerungen des Leidens, die langsam zu einer Aussöhnung mit der Welt führen. In seiner Verzweiflung besteht das Glück des Gehenden darin, weiterhin eins mit seiner Existenz zu sein und in körperlichem Kontakt zu den Dingen zu bleiben. Indem er sich an seiner Erschöpfung berauscht, indem er sich kleine, aber wirksame Ziele steckt, wie eher hier- als dorthin zu gehen, bestimmt er sein Verhältnis zur Welt. Er mag desorientiert sein, doch ist er schon auf dem Weg zu einer Lösung, auch wenn er noch nicht weiß, wie sie aussehen wird. Das Gehen wird also zu einer Initiation, es macht das Unglück zu einer Chance; die Alchemie der Straße erfüllt ihre ewige Aufgabe, den Menschen zu verändern, ihm wieder den Weg seiner Existenz zu weisen.

Das Bestehen einer seelischen Bewährungsprobe findet in der körperlichen Bewährung, die das Gehen bedeutet, ein mächtiges Gegengewicht, das den Schwerpunkt des Menschen verschiebt. Indem es durch seine Wiederannäherung mit dem Körper einen neuen Rhythmus und eine neue Beziehung zur Zeit, zum Raum und zu anderen herstellt, nimmt das Subjet seinen Platz in der Welt wieder ein, überdenkt seine Wertvorstellungen und gewinnt an Vertrauen in seine eigenen Fähigkeiten. Das Gehen lässt es sich selbst erkennen, nicht auf narzisstische Art, sondern als Wiederherstellung seiner Freude am Leben und an sozialen Bindungen. Seine Dauer und manchmal auch seine Härte versetzen es in die Lage, eine schmerzhafte persönliche Geschichte zu überwinden, neue Wege in seinem Innern zu finden, abseits der ausgetretenen Pfade, wo die Verzweiflung in ihm gärte. Heutzutage gibt es sogar organisiertes Gehen für Patienten, die an Krebs oder Multipler Sklerose erkrankt sind, damit sie an Selbstvertrauen gewinnen und all ihre körperlichen und seelischen Kräfte mobilisieren, um der Krankheit entgegenzutreten. In Anbetracht des Weges muss man den Faden der Existenz wiederaufnehmen.

Am Ende der Reise

Am Ende des Weges, nach Stunden oder Tagen, manchmal mehr, des langsamen Vorankommens auf den Straßen beginnen die Schritte schneller oder schwerer zu werden, abhängig davon, ob man den Wunsch verspürt, sein normales Leben wiederaufzunehmen, aus dem man für eine Zeit lang ausgebrochen ist. Cochrane, der Tausende Kilometer durch Russland nach Kamtschatka zu Fuß gegangen ist, träumt nur davon, dorthin zurückzukehren. Er leitet seinen Reisebericht mit der Feststellung ein, dass er keineswegs vom Reisefieber geheilt sei, sondern dieses sich nur noch verschlimmert hätte.[178] Matthiessen ist am Ende eines langen Fußmarsches nach Dolpo. Der Schneeleopard hat sich ihren Blicken entzogen, und er kehrt unverrichteter Dinge zurück. Doch er ist zufrieden mit dem langen Weg, der ihn so weit zur Wiederaneignung seiner selbst geführt hat: »(...) die zusammengefaltete Gebetsfahne unter meinem Anorak glüht wie Kohle. Buttertee und Windbilder, der Kristall-Berg und auf den Schneefeldern tanzende Schafe – es ist übergenug!

Hast du den Schneeleoparden gesehen?

Nein! Ist das nicht wunderbar?«[179]

Wie wichtig ist denn letztendlich der Ausgang der Unternehmung, wenn nur die zurückgelegte Strecke zählt? Wir machen keine Reise, die Reise macht uns, macht uns los, erfindet uns neu. Und wenn wir nun am Ende des Textes angekommen sind, so ist das letzte Wort nur eine Station auf dem Weg. Die leere Seite ist immer eine Schwelle. Zum Glück gehen wir wieder in den Städten der Welt spazieren, in den Wäldern, Bergen und Wüsten, um neue Bilder und Empfindungen aufzunehmen, neue Orte und Gesichter kennenzulernen, einen Vorwand zum Schreiben zu finden, den Blick zu erneuern, ohne jemals zu vergessen, dass die Erde eher für die Füße als für den Reifen geschaffen ist und dass, wenn wir einen Körper haben, es angebracht ist, ihn einzusetzen. Die Welt ist eine Kugel, und wenn man sie langsam umrundet, kommt man irgendwann wieder am Ausgangspunkt an, bereit für eine neue Reise. So viele Straßen, so viele Wege, so viele Dörfer, Städte, Hügel, Wälder, Berge, Meere, Wüsten, so viele Strecken, um sie zu erkunden, zu erleben, auszukundschaften, an unseren Erinnerungen festhaltend, aus Freude darüber, dorthin gekommen zu sein. Die Pfade, die Erde, der Sand, die Strände, sogar der Schlamm und der Fels entsprechen dem Körper und dem Pulsieren des Seins.

Anmerkungen

[1] Gaston Bachelard: Poetik des Raumes. München 1960, S. 43.
[2] Vgl. André Leroi-Gourhan: Les Racines du monde. Paris 1982, S. 168.
[3] Vgl. David Le Breton: L'Adieu au corps. Paris 1999.
[4] Roland Barthes: Mythen des Alltags. Berlin 2010, S. 30.
[5] Vgl. François Chobeaux: Les Nomades du vide, Arles 1996.
[6] Ich habe an dieser Stelle einige der Analysen wiederaufgenommen, die ich in meinem Beitrag zur Ausgabe »La vie, la marche« der Zeitschrift Autrement im Jahr 1997 entwickelt habe.
[7] Henry David Thoreau: Vom Spazieren. Zürich 2004, S. 10 f.
[8] Robert Louis Stevenson: Fußwanderungen. In: Reise mit dem Esel durch die Cevennen. Hrsg. v. Christoph Lenhartz, Bergisch Gladbach 2008, S. 7.
[9] Jean Jacques Rousseau: Die Bekenntnisse. München 2012, S. 61.
[10] Ebd., S. 162 ff.
[11] Nikos Kazantzakis: Rechenschaft vor El Greco. Berlin 1993, S. 180.
[12] Henry David Thoreau: Walden. Ein Leben mit der Natur. München 1999, S. 347.
[13] Laurie Lee: An einem hellen Morgen ging ich fort. München 1970, S. 53.
[14] Patrick Leigh Fermor: Die Zeit der Gaben. Zürich 2009, S. 28.
[15] Vgl. Victor Segalen: Equipée (ders.: Œuvres littéraires, hrsg. von Michel Le Bris). Brüssel 1995, S. 987.
[16] Bashō Matsuo: Auf schmalen Pfaden durchs Hinterland. Mainz 1985, S. 45.

[17] Lee: An einem hellen Morgen, S. 9.
[18] Vgl. Segalen: Equipée, S. 988.
[19] Lee: An einem hellen Morgen, S. 11.
[20] Vgl. Régis Debray: Rhapsodie de la route. In: Cahiers de médiologie 2 (1996), S. 10.
[21] Stevenson: Fußwanderungen, S. 11.
[22] Peter Matthiessen: Auf der Spur des Schneeleoparden. München 2000, S. 288 f.
[23] Lee: An einem hellen Morgen, S. 75 f.
[24] Ebd., S. 93.
[25] Vgl. Gustave Roud: Petit traité de la marche en plaine. In: Essai pour un paradis. Lausanne 1983, S. 83 f.
[26] Vgl. Rodolphe Toepffer: Voyages en zigzag. Paris 1996, S. 9.
[27] Eric Newby: Ein Spaziergang im Hindukusch. Frankfurt am Main 2002, S. 442.
[28] Stevenson: Fußwanderungen, S. 12.
[29] Leigh Fermor: Zeit der Gaben, S. 30.
[30] Patrick Leigh Fermor: Die unterbrochene Reise. Zürich 2013, S. 177.
[31] Bashō: Auf schmalen Pfaden, S. 53 ff.
[32] Vgl. Toepffer: Voyages, S. 9.
[33] Rousseau: Bekenntnisse, S. 158 f.
[34] Stevenson: Fußwanderungen, S. 8.
[35] Vgl. The Heart of Thoreau's Journals. Hrsg. v. Odell Shepard. Mineola 2012, S. 96.
[36] Vgl. William Hazlitt: Liber amoris – or, the new Pygmalion. Cambridge 2009.
[37] Vgl. Paul Theroux: The Kingdom by the Sea. London 1985.
[38] Lee: An einem hellen Morgen, S. 160.
[39] Vgl. Jacques Lanzmann: Fou de la marche. Paris 1987, S. 50.
[40] Vgl. Philippe Delerm: Les chemins nous inventent. Paris 1997, S. 7.
[41] Vgl. Toepffer: Voyages, S. 174.
[42] Vgl. Arthur Rimbaud: Œuvres complètes. Paris 2009, S. 459.

43 Vgl. Alain Borer: Rimbaud en Abyssinie. Paris 1984, S. 224.
44 Vgl. John Dundas Cochrane: Narrative of a Pedestrian Journey Through Russia and Siberian Tartary. From the Frontiers of China to the Frozen Sea and Kamtchatka. Cambridge 2009.
45 Lee: An einem hellen Morgen, S. 113.
46 Kazantzakis: Rechenschaft, S. 181 f.
47 Newby: Hindukusch, S. 161.
48 Ebd., S. 162.
49 Vgl. Toepffer: Voyages, S. 319.
50 Vgl. Segalen: Equipée, S. 1007.
51 Lee: An einem hellen Morgen, S. 10.
52 Ebd., S. 57 f.
53 Fermor: Zeit der Gaben, S. 188 f.
54 Patrick Leigh Fermor: Zwischen Wäldern und Wasser. Zürich 2009, S. 119.
55 Stevenson: Reise mit dem Esel durch die Cevennen. Bergisch Gladbach 2008, S. 32.
56 Bashō: Auf schmalen Pfaden, S. 113.
57 Vgl. Edward Abbey: Desert Solitaire. New York 1968, S. 205.
58 Vgl. Jacques Lacarrière: Chemins d'écriture. Paris 1988, S. 71.
59 Vgl. Thoreau's Journals, S. 50.
60 Vgl. David Le Breton: Du Silence. Paris 1997.
61 Vgl. Gaston Bachelard: L'eau et les rêves. Paris 1942, S. 258.
62 Albert Camus: Hochzeit des Lichts. Zürich – Hamburg 2013, S. 16.
63 Lee: An einem hellen Morgen, S. 73.
64 Vgl. Thoreau's Journals, S. 105.
65 Vgl. Abbey: Desert Solitaire, S. 191.
66 Matthiessen: Schneeleopard, S. 95.
67 Ebd., S. 287.
68 Kazantzakis: Rechenschaft, S. 189 f.
69 Vgl. Le Breton: Silence.
70 Vgl. Jean-Claude Bourlès: Retour à Conques. Paris 1995, S. 84 ff.
71 Stevenson: Fußwanderungen, S. 9.

72 Rousseau: Bekenntnisse, S. 221.
73 Xavier de Maistre: Reise um mein Zimmer. Weimar 1976, S. 11.
74 Ebd., S. 83.
75 Ebd., S. 65.
76 Vgl. Julien Gracq: Carnets du grand chemin. Paris 1992, S. 119.
77 Vgl. G. Bruno: Le tour du monde par deux enfants. Paris 1985.
78 Rousseau: Bekenntnisse, S. 162.
79 Søren Kierkegaard: Briefe. Hrsg. v. Emanuel Hirsch u. Hayo Gerdes (ders.: Gesammelte Werke. 38 Bde., Bd. 35). Gütersloh 1985, S. 168.
80 Friedrich Nietzsche: Die fröhliche Wissenschaft. Hrsg. v. Giorgio Colli u. Mazzino Montinari (ders.: Werke – Kritische Gesamtausgabe. 40 Bde., 5. Abt., Bd. 2). Berlin 1973, S. 37.
81 Friedrich Nietzsche: Briefe von Nietzsche Januar 1887–Januar 1889. Hrsg. v. Giorgio Colli u. Mazzino Montinari (ders.: Briefwechsel – Kritische Gesamtausgabe. 24 Bde., 3. Abt., Bd. 5,). Berlin 1984, S. 287.
82 Vgl. Camilo José Cela: Viaje a la Alcarria. Madrid 2007, S. 110.
83 Leigh Fermor: Zwischen Wäldern und Wasser, S. 274.
84 Leigh Fermor: Zeit der Gaben, S. 357 f.
85 Vgl. Pierre Sansot: Poétique de la ville. Paris 1996, S. 50.
86 Vgl. Julio Llamazares: El río del olvido. Barcelona 1995.
87 Gracq: Carnets du grand chemin, S. 11.
88 Matthiessen: Schneeleopard, S. 123.
89 Lee: An einem hellen Morgen, S. 91.
90 Vgl. Thierry Guinhut: Le recours au monts du Cantal. Arles 1991, S. 94.
91 Alexandra David-Néel: Mein Weg durch Himmel und Höllen. Bern 1990, S. 161.
92 Vgl. Segalen: Équipée, S. 905.
93 Vgl. Michel Tournier: L'arbre et le chemin (ders.: Petites proses). Paris 1986, S. 209.
94 Wladimir Arsenjew: Der Taigajäger Dersu Usala. Zürich 2009.
95 Vgl. Robert Lalonde: Le Monde sur le flanc de la truite. Montreal 1997, S. 89.

[96] Vgl. Jacques Lacarrière: Chemin faisant. Paris 1977, S. 82 f.
[97] Leigh Fermor: Zwischen Wäldern und Wasser, S. 284.
[98] Lee: An einem hellen Morgen, S. 57.
[99] Ebd., S. 163.
[100] Vgl. Bourlès: Conques, S. 22.
[100] Vgl. Louis Moutinot: La France de part en part. Vevey 1992, S. 13.
[102] Werner Herzog: Vom Gehen im Eis. München 2012, S. 7.
[103] Herzog: Vom Gehen, S. 103.
[104] Vgl. Cela: Alcarria, S. 100.
[105] Lee: An einem hellen Morgen, S. 111.
[106] Vgl. Lacarrière: Chemins faisant, S. 62.
[107] Pierre Barret, Jean Noël Gurgand: Auf dem Weg nach Santiago. Freiburg 2004.
[108] Karl Gottlob Schelle: Die Spatziergänge oder die Kunst spatzieren zu gehen. Hildesheim 1990, S. 72.
[109] Ebd., S. 95.
[110] Thoreau: Spazieren, S. 27 f.
[111] Ebd., S. 18.
[112] Kazantzakis: Rechenschaft, S. 239.
[113] Vgl. Toepffer: Voyages, S. 348.
[114] Lee: An einem hellen Morgen, S. 19 f.
[115] Vgl. Chobeaux: Nomades.
[116] Vgl. Abbey: Desert Solitaire, S. 45.
[117] Vgl. ebd., S. 48.
[118] Vgl. ebd., S. 54.
[119] Michel Vieuchange: Smara. Verbotene Stadt. Stuttgart 1985, S. 214.
[120] Dieses Kapitel ist in seiner Auswahl beliebig, viele andere wären in Frage gekommen, aber ich wollte vor allen Dingen meine Bewunderung für Menschen wie Cabeza de Vaca, Richard Burton, René Caillé oder Michel Vieuchange ausdrücken, deren Erlebnisse als Beispiele für extreme Fußmärsche gelten können, für Abenteuer mit allem, was es an Ausdauer, Großmut und

Willenskraft braucht. Diese Persönlichkeiten versetzen mich in Erstaunen, und über sie zu schreiben, schaffte ein stilles Einvernehmen, an dem ich festhielt. Das bedeutete, ungerecht zu den anderen zu sein, über die ich nicht spreche, aber zu große Ausführlichkeit wäre auf diesem Gebiet wenig sinnvoll.

[121] Vgl.: Alvaro Núñez Cabeza de Vaca: Schiffbrüche – die Unglücksfahrt der Narvaez-Expedition nach der Südküste Nordamerikas in den Jahren 1528 bis 1536. Stuttgart 1925.

[122] René Caillié: Reise nach Timbuktu. Lenningen 2006, S. 21.

[123] Ebd., S. 13.

[124] Ebd., S. 136.

[125] Ebd., S. 222.

[126] Burton, der auf einem Gewaltmarsch aus Harar zurückkehrt, praktisch ohne Verpflegung und Wasser, beschreibt seine Besessenheit vom Wasser, sodass die Leiden der Gehenden in der Wüste, wie bei Caillié oder Vieuchange, nachvollziehbar werden. »Der Dämon des Durstes verfolgte uns unerbittlich. Die Sonne schmorte unsere Hirne, Trugbilder täuschten uns in jedem Moment, und ich wurde Opfer einer Art Besessenheit. Wenn ich voranschritt und meine Schritte beschleunigte, die Augen in der brennenden Luft geschlossen, gab es kein Bild, das nicht Wasser gewesen wäre. Das Wasser war immer vor mir, dort, in dem schattigen Brunnen, gurgelnd aus den Felsen sprudelnd in dem eisigen Bach, in den unbewegten Seen, die mich aufforderten, zu tauchen und zu schnauben [...]. Ich öffnete die Augen und sah nichts als eine flache Weite, vor Hitze dampfend, ein Himmel von ewigem und metallischem Blau, so erfreulich für den Maler oder Dichter, so leer und so verhängnisvoll für uns ... Ich träumte nur von einer Sache – Wasser.« (vgl. Jean-François Gournay: Richard F. Burton – Ambre et lumiere de l'Orient. Paris 1991).

[127] Vgl. Gournay: Burton, S. 75.

[128] Vgl. Fawn Brodie: The Devil Drives: A Life of Sir Richard Burton. London 2003.

[129] Vgl. Richard Burton: Wanderings in West Africa. New York 1991.
[130] Vieuchange: Smara, S. 124.
[131] Ebd., S. 137.
[132] Ebd., S. 152.
[133] Ebd., S. 228.
[134] Ebd., S. 205.
[135] Ebd., S. 217.
[136] Walter Benjamin: Berliner Kindheit um neunzehnhundert. Frankfurt am Main 1992, S. 23.
[137] Léon-Paul Fargue: Der Wanderer durch Paris. Berlin 2012, S. 16.
[138] André Breton: Nadja. Leipzig 1985, S. 19.
[139] Vgl. Jean-François Augoyard: Pas à pas. Essai sur le cheminement quotidien. Paris 1979.
[140] Walter Benjamin: Charles Baudelaire. Frankfurt am Main 1974, S. 34.
[141] Henri Calet: Le Tout sur le tout. Paris 1948.
[142] Benjamin: Baudelaire, S. 35.
[143] Vgl. ebd.
[144] Charles Baudelaire: Der Künstler und das moderne Leben. Leipzig 1994.
[145] Platon: Phaidros. Hrsg. v. Gunther Eigler (ders.: Werke in acht Bänden: griechisch und deutsch, Bd. 5). Darmstadt 1981, S. 15.
[146] Vgl. Sansot: Poétique de la ville, S. 42.
[147] Vgl. ebd., S. 53.
[148] Vgl. Thoreau's Journals, S. 196.
[149] Vgl. Oumar Dia, Renée Colin-Noguès: Yâkâré. Paris 1982, S. 118 f.
[150] Georg Simmel: Großstädte und Geistesleben.
[151] Sansot: Poétique de la ville, S. 139.
[152] Vgl. Jean Cayrol: De l'espace humain. Paris 1968, S. 102.
[153] Vgl. Jacques Brosse: Inventaires des sens. Paris 1965, S. 296.
[154] Vgl. Le Breton: Silence.
[155] Vgl. Karlfried Graf von Dürckheim: Japan und die Kultur der Stille. München 1954.
[156] Vgl. Le Breton: Silence, S. 176 ff.

[157] Vgl. Georg Simmel: Die Großstädte und das Geistesleben. In: Aufsätze und Abhandlungen 1901–1908 Band I. Hrsg. v. Rüdiger Kramme, Angela Rammstedt u. a. (ders.: Gesamtausgabe in 24 Bänden, Bd. 7). Frankfurt am Main. 1995.

[158] Vgl. Georg Simmel: Soziologie der Sinne. In: Aufsätze und Abhandlungen 1901–1908 Band II. Hrsg. v. Alessandro Cavalli u. Volkhard Krech (ders.: Gesamtausgabe in 24 Bänden, Bd. 8). Frankfurt am Main 1993.

[159] Vgl. Sansot: Poétique de la ville, S. 402.

[160] Lama Anagarika Govinda: Der Weg der weißen Wolken. Bern 1985, S. 15.

[161] Vgl. Pierre André Sigal: Les marcheurs de Dieu. Paris 1974, S. 6.

[162] Vgl. Henri Engelmann: Pèlerinages. Paris 1993, S. 106.

[163] Vgl. Aufrichtige Erzählungen eines russischen Pilgers. Freiburg 2000.

[164] Govinda: Der Weg der weißen Wolken, S. 130.

[165] Ebd., S. 131.

[166] Vgl. Matthiessen: Schneeleopard, S. 150 f.

[167] Govinda: Der Weg der weißen Wolken, S. 76.

[168] Ebd., S. 79.

[169] Ebd., S. 312 f.

[170] Ebd., S. 319.

[171] Ebd., S. 327.

[172] Ebd., S. 330.

[173] Thoreau: Spazieren, S. 6.

[174] Roud: Petit traité, S. 86.

[175] Abbey: Desert Solitaire, S. 176.

[176] Matthiessen: Schneeleopard, S. 272.

[177] Guinhut: monts du cantal, S. 20.

[178] Pierre Sansot: Variations paysagères. Paris 1983, S. 78.

[179] Vgl. Cochrane: pedestrian journey.

[180] Matthiessen: Schneeleopard, S. 239.

Wegbegleiter – Bibliographie

Abbey, Edward: Desert Solitaire. New York 1968.
Anonym: Aufrichtige Erzählungen eines russischen Pilgers. Freiburg 2000.
Arsenjew, Wladimir: Der Taigajäger Dersu Usala. Zürich 2009.
Augoyard, Jean-François: Pas à pas. Essai sur le cheminement quotidien. Paris 1979.
Bachelard, Gaston: L'eau et les rêves. Paris 1942.
Bachelard, Gaston: Poetik des Raumes. München 1960.
Barret, Pierre; Gurgand, Jean Noël: Auf dem Weg nach Santiago. Freiburg 2004.
Barthes, Roland: Mythen des Alltags. Berlin 2010.
Baudelaire, Charles: Der Künstler und das moderne Leben. Leipzig 1994.
Benjamin, Walter: Berliner Kindheit um neunzehnhundert. Frankfurt am Main 1992.
Benjamin, Walter: Charles Baudelaire. Frankfurt am Main 1974.
Biès, Jean: Mont Athos. Paris 1963.
Borer, Alain: Rimbaud en Abyssinie. Paris 1984.
Bourlès, Jean-Claude: Retour à Conques. Paris 1995.
Bouvier, Nicolas: Die Erfahrung der Welt. Basel 2010.
Bouvier, Nicolas: Japanische Chronik. Basel 2005.
Breton, André: Nadja. Leipzig 1985.
Brodie, Fawn: The Devil Drives. A Life of Sir Richard Burton. London 2003.
Brosse, Jacques: Inventaires des sens. Paris 1965.
Bruno, G.: Le tour du monde par deux enfants. Paris 1985.

Burton, Richard: Wanderings in West Africa. New York 1991.
Caillié, René: Reise nach Timbuktu. Lenningen 2006.
Calet, Henri: Le Tout sur le tout. Paris 1948.
Calvino, Italo: Die unsichtbaren Städte. Frankfurt am Main 2013.
Camus, Albert: Hochzeit des Lichts. Zürich – Hamburg 2013.
Cayrol, Jean: De l'espace humain. Paris 1968.
Cela, Camilo José : Viaje a la Alcarria. Madrid 2007.
Chatwin, Bruce: Auf Reisen. Frankfurt am Main 1995.
Chatwin, Bruce: In Patagonien. Reinbek 1990.
Chatwin, Bruce: Traumpfade. Frankfurt am Main 1992.
Chatwin, Bruce: Was mache ich hier. Frankfurt am Main 2007.
Chobeaux, François: Les Nomades du vide. Arles 1996.
Cochrane, John Dundas: Narrative of a Pedestrian Journey Through Russia and Siberian Tartary – From the Frontiers of China to the Frozen Sea and Kamtchatka. Cambridge 2009.
David-Néel, Alexandra: Mein Weg durch Himmel und Höllen. Bern 1990.
Debray, Régis: Rhapsodie de la route. In: Cahiers de médiologie 2 (1996).
Delerm, Philippe: Les chemins nous inventent. Paris, 1997.
Dia, Oumar; Colin-Noguès, Renée: Yâkâré. Paris 1982.
Dodeman, Jean-Louis: Tombouctou ou le premier voyage à Djenné et à Tombouctou par René Caillié, 1826–1828. Paris 1991.
Graf von Dürckheim, Karlfried: Japan und die Kultur der Stille. München 1954.
Engelmann, Henri: Pèlerinages. Paris 1993.
Fargue, Léon-Paul: Der Wanderer durch Paris. Berlin 2012.
Govinda, Anagarika: Der Weg der weißen Wolken. Bern 1985.
Gournay, Jean-François: Richard F. Burton – Ambre et lumiere de l'Orient. Paris 1991.
Gracq, Julien: Carnets du grand chemin. Paris 1992.
Guinhut, Thierry: Le recours au monts du Cantal. Arles 1991.
Hazlitt, William: Liber amoris – or, the new Pygmalion. Cambridge 2009.

Herzog, Werner: Vom Gehen im Eis. München 2012.

Holmes, Richard: Footsteps – Adventures of a Romantic Biographer. London 1985.

Hudson, William H.: Idle Days in Patagonia. Liverpool 1984.

Kazantzakis, Nikos: Rechenschaft vor El Greco. Berlin 1993.

Kierkegaard, Søren: Briefe. Hrsg. v. Emanuel Hirsch u. Hayo Gerdes (ders.: Gesammelte Werke. 38 Bde., Bd. 35). Gütersloh 1985.

Lacarrière, Jacques: Chemins d'écriture. Paris 1988.

Lacarrière, Jacques: Chemin faisant. Paris 1977.

Lalonde, Robert: Le Monde sur le flanc de la truite. Montreal 1997.

Llamazares, Julio: El río del olvido. Barcelona 1995.

Lanzmann, Jacques: Fou de la marche, Paris 1987.

Le Breton, David: Lust am Risiko. Frankfurt am Main 2000.

Le Breton, David: L'Adieu au corps. Paris 1999.

Le Breton, David: Des Visages. Paris 1992.

Le Breton, David: Du Silence. Paris 1997.

Lee, Laurie: An einem hellen Morgen ging ich fort. München 1970.

Leigh Fermor, Patrick: Die Zeit der Gaben. Zürich 2009.

Leigh Fermor, Patrick: Zwischen Wäldern und Wasser. Zürich 2009.

Leroi-Gourhan, André: Hand und Wort. Frankfurt am Main 1987.

Leroi-Gourhan, André: Les Racines du monde. Paris 1982.

Matsuo, Bashō: Auf schmalen Pfaden durchs Hinterland. Mainz 1985.

Matthiessen, Peter: Auf der Spur des Schneeleoparden, München 2000.

Meunier, Jacques: Le Monocle de Hoseph Conrad. Paris 1993.

Michel, Franck: Désirs d'ailleurs. Paris 2000.

Moutinot, Louis: La France de part en part. Vevey 1992.

Newby, Eric: Ein Spaziergang im Hindukusch. Frankfurt am Main 2002.

Nietzsche, Friedrich: Briefe von Nietzsche Januar 1887–Januar 1889. Hrsg. v. Giorgio Colli u. Mazzino Montinari (ders.: Briefwechsel – Kritische Gesamtausgabe. 24 Bde., 3. Abt., Bd. 5,). Berlin 1984.

Nietzsche, Friedrich: Die fröhliche Wissenschaft. Hrsg. v. Giorgio Colli u. Mazzino Montinari (ders.: Werke – Kritische Gesamtausgabe. 40 Bde., 5. Abt., Bd. 2). Berlin 1973.

Núñez Cabeza de Vaca, Alvaro: Schiffbrüche – die Unglücksfahrt der Narvaez-Expedition nach der Südküste Nordamerikas in den Jahren 1528 bis 1536. Stuttgart 1925.

Perec, George: Träume von Räumen. Zürich 2013.

Platon: Phaidros. Hrsg. v. Gunther Eigler (ders.: Werke in acht Bänden: griechisch und deutsch. Bd. 5). Darmstadt 1981.

Rimbaud, Arthur: Œuvres complètes. Paris 2009.

Roud, Gustave: Petit traité de la marche en plaine. In: Essai pour un paradis. Lausanne 1983.

Roussane, Albert: L'homme suiveur de nuages. Rodez 1991.

Rousseau, Jean Jacques: Die Bekenntnisse. München 2012.

Sansot, Pierre: Du bon usage de la lenteur. Paris 1998.

Sansot, Pierre: La France sensible. Seyssel 1985.

Sansot, Pierre: Variations paysagères. Paris 1983.

Sansot, Pierre: Poétique de la ville. Paris 1996.

Schelle, Karl Gottlob: Die Spatziergänge oder die Kunst spatzieren zu gehen. Hildesheim 1990.

Segalen, Victor: Equipée (ders.: Œuvre littéraires, Hrsg. von Michel Le Bris). Brüssel 1995.

Sennett, Richard: Fleisch und Stein. Berlin 1995.

Shepard, Odell (Hrsg.): The Heart of Thoreau's Journals. Mineola 2012.

Sigal, Pierre André: Les marcheurs de Dieu. Paris 1974.

Simmel, Georg: Die Großstädte und das Geistesleben. In: Aufsätze und Abhandlungen 1901–1908 Band I. Hrsg. v. Rüdiger Kramme, Angela Rammstedt u. a. (ders.: Gesamtausgabe in 24 Bänden, Bd. 7). Frankfurt am Main 1995.

Simmel, Georg: Soziologie der Sinne. In: Aufsätze und Abhandlungen 1901–1908 Band II. Hrsg. v. Alessandro Cavalli u. Volkhard Krech (ders.: Gesamtausgabe in 24 Bänden, Bd. 8). Frankfurt am Main 1993.

Stevenson, Robert Louis: Reise mit dem Esel durch die Cevennen. Bergisch Gladbach 2008.

Tanizaki, Jun'ichiro: Lob des Schattens. München 2010.

Tester, Keith (Hrsg.): The Flâneur. London 1994.

Theroux, Paul: The Kingdom by the Sea. London 1985.

Thoreau, Henry David: Vom Spazieren. Zürich 2004.

Thoreau, Henry David: Walden. Ein Leben mit der Natur. München 1999.

Toepffer, Rodolphe: Voyages en zigzag. Paris 1996.

Tournier, Michel: L'arbre et le chemin (ders.: Petites proses). Paris 1986.

Vieuchange, Michel: Smara. Verbotene Stadt. Stuttgart 1985.

Virilio, Paul: Essai sur l'insécurité du territoire. Paris 1976.

White, Kenneth: Der blaue Weg. Zürich 2008.

White, Kenneth: Streifzüge des Geistes. Frauenfeld 2007.

White, Kenneth: Unterwegs an der Küste. Frauenfeld 2007.

Whitman, Walt: Grasblätter. München 2009.

Wulf, Christoph: Im Schatten der Milchstraße. Tübingen 1981.

Erste Auflage Berlin 2015
Copyright © 2015
MSB Matthes & Seitz Berlin Verlagsgesellschaft mbH
Göhrener Str. 7 | 10437 Berlin
info@matthes-seitz-berlin.de
Copyright © der französischen Ausgabe:
Éditions Métailié, 2000
Alle Rechte vorbehalten
Layout und Satz: psb, Berlin
Druck und Bindung: Pustet, Regensburg
ISBN 978-3-88221-034-7
www-matthes-seitz-berlin.de